Computer Bild

Prinz, Erle und Matoni

Word 2010 Trickkasten

ullstein

USB-Stick GRATIS!
6 Hefte für nur 14,50 €!
Schon samstags lesen
JETZT: COMPUTER BILD testen +
35 % sparen + 4 GB USB-Stick GRATIS!
JETZT FÜR KURZE ZEIT:
nur 0,– €
COMPUTER BILD bietet Ihnen:
• Alles rund um Computer, Telekommunikation & Unterhaltungselektronik!
• Tests, Fakten & umfangreiche DVD!
• Praxiswissen & Service für Anfänger und Profis!
plus:
4 GB USB-Stick „JetFlash V30"
• Bootfähig, USB 2.0
• Einfache „Plug & Play"-Installation
• LED-Statusanzeige
• Für Windows 2000, Me, XP, Vista, 7/ Mac OS X
• Maße: 60 x 17 x 8 mm
Transcend
JF V30 / 4 GB
30 JAHRE Garantie
Leistungsstark:
Lesen: bis 20 MB/s
Schreiben: bis 6 MB/s
Passwortschutz:
PC-Lock-Sperrfunktion & Sicherheitsfunktion
+ 2 Hefte GRATIS dazu!
Als Dankeschön für die Nutzung des umweltfreundlichen Bankeinzugs.
Computer Bild hilft.
Hier sichern:
www.COMPUTERBILD.de/abo/testen
Ich sichere mir die nächsten 6 Ausgaben COMPUTER BILD zum günstigen Preis von zzt. 14,50 € mit DVD in jedem Heft und spare 7,70 € bzw. 10,90 € mit CD in jedem Heft und spa
5,30 € ab der nächsterreichbaren Ausgabe. Somit spare ich über 35 %. Wenn ich mich bis Erhalt der 5. Ausgabe nicht melde, erhalte ich COMPUTER BILD zum Preis von zzt. 3,7
pro Heft (26 Hefte/Jahr) mit DVD bzw. 2,70 € mit CD. Studenten zahlen bei Vorlage eines Nachweises zzt. nur 3,15 € (DVD) bzw. 2,30 € (CD) pro Heft. Ich kann dann die Zustellu
jederzeit kündigen und erhalte zu viel gezahltes Geld zurück. Das Angebot gilt nur in Deutschland und solange der Vorrat reicht.
COMPUTER BILD erscheint im Verlag Axel Springer AG, Axel-Springer-Platz 1, 20350 Hamburg, vertreten durch den Vorstand,
www.communicators.ag

Zu diesem Buch

Früher widmete man sich beim Schreiben vor allem der Wahl der Wörter, die man mit Punkt und Komma zu Sätzen reihte, in Absätzen zusammenfasste, um dann Seite um Seite mit Inhalt zu füllen. Gleichgültig, ob mit dem Füllfederhalter geschrieben oder mit der Schreibmaschine getippt, es war ein serieller Prozess, und die Kunst des Verfahrens bezog sich auf die Formulierung, maximal auf den Ausdruck bei der Handschrift oder die Geschwindigkeit des Anschlags.

Wer sich heute zum Verfassen eines Textes an den PC setzt, der weiß, dass bis zum letzten Moment, bis zum Ausdruck des Dokuments oder dem Versenden der E-Mail, alles beweglich bleibt, der Text und auch sein Erscheinungsbild offen sind für alle Änderungen, die ihnen der Autor angedeihen lassen will. Ergänzungen mitten im Text? Selbst in der letzten Sekunde eine Kleinigkeit. Gestaltungen von Schriften und Absätzen? Selbst für Amateure kein Problem. Die Technik des Schreibens ist zum Schreiben mit Technik geworden.

Und so wundert es nicht, dass Autoren heute nicht nur an Formulierungen feilen, sondern auch an Formaten. Dass sie nicht nur Wert auf den passenden Ausdruck, sondern auch auf ein attraktives Druckergebnis legen. Und natürlich ist es im Interesse der Schreibenden, so rasch wie möglich und so einfach wie es nur geht zu ansprechenden Ergebnissen zu kommen. Hier nun setzt dieser Trickkasten zu Word 2010 an: Er zeigt Ihnen, wie leicht es sein kann, die Möglichkeiten einer Textverarbeitung auszuloten und sich bei der Arbeit am Manuskript helfen zu lassen.

Angefangen bei der Texterfassung über die Gestaltung von Dokumenten mit Formatierungen und Illustrationen bis hin zur Zusammenarbeit mit Autoren oder Lesern via Internet und zur Nutzung des mobilen Word für unterwegs reicht das Spektrum der vorliegenden Tipps und Tricks. Sie werden Ihnen wie gewohnt in den effektiven Schritt-für-Schritt-Anleitungen präsentiert, wie Sie sie ja aus jedem COMPUTER BILD-Heft kennen. Der Nutzen ist ganz auf Ihrer Seite und zeigt sich auf jeder Seite, die Sie verfassen.

1 Textbearbeitung – schnell und sicher

Microsoft Word ist sowohl im Büroalltag als auch im privaten Bereich allgegenwärtig. Kein Wunder: Mit seinen vielfältigen Möglichkeiten zur Texterfassung und -gestaltung ist es eine der führenden Textverarbeitungen überhaupt. Dabei lässt sich das immense Funktionsspektrum kaum voll ausschöpfen, doch mit ein paar Tricks geht die Arbeit schneller und einfacher von der Hand. So können Sie sich zur Erleichterung der Arbeit bestimmte Befehle griffbereit halten und, wenn Ihnen das dynamische Menüband nicht so recht gefällt, dieses durch die Menüführung von Word 2003 ersetzen. Genauso unproblematisch ist es, bei aufwendigen Texten ein automatisiertes Inhaltsverzeichnis anzulegen, das mit der Arbeit am Dokument mitwächst. Und wenn Sie ein Dokument weitergeben wollen, können Sie mit ein paar Mausklicks sicherstellen, dass auch nur der befugte Empfänger Ihren Text lesen kann. Da aber nicht jeder Empfänger die aktuelle Version von Word besitzt, können Sie Ihre Texte so speichern, dass sie auch für ältere Versionen von Word lesbar sind.

Kapitel-Wegweiser

Befehle in die Symbolleiste für den Schnellzugriff

Zwar haben Sie mit dem **Menüband** immer die gerade benötigten Befehle zur Hand, aber mitunter nutzen Sie auch ganz andere Funktionen, die hier noch nicht aufgeführt sind. Wie Sie gleich sehen werden, ist es kein Problem, ganz nach Wunsch weitere Befehle in die Symbolleiste einzufügen.

1 In der Symbolleiste für den Schnellzugriff werden standardmäßig nur einige wenige häufig verwendete Befehle direkt angezeigt. Um bei Bedarf weitere Befehle darin aufzunehmen, klicken Sie neben der Symbolleiste auf den nach unten weisenden Pfeil ●.

Daraufhin wird eine Liste mit weiteren Befehlen geöffnet. Befehle, die in der Symbolleiste bereits angezeigt werden, sind mit einem Häkchen gekennzeichnet, beispielsweise ●.

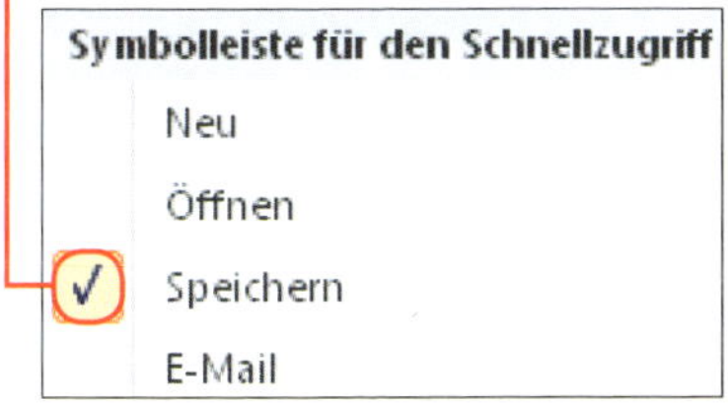

2 Falls Sie jetzt zum Beispiel den Befehl für die Druckfunktion immer griffbereit haben möchten, klicken Sie in der Liste auf den Eintrag

.

Daraufhin verschwindet die Auswahlliste automatisch, und in der Symbolleiste erscheint das soeben ergänzte Druckersymbol ●.

Künftig können Sie Ihr Dokument mit einem Mausklick an den Drucker senden.

■ Mit dem soeben vorgestellten Schnelldruck-Befehl können Sie nur das aktuelle Dokument ohne Änderungen zum Standarddrucker senden. Möchten Sie vorher noch spezielle Einstellungen vornehmen, müssen Sie über das Druckermenü gehen. Dazu klicken Sie als Erstes auf

und danach auf den Befehl

.

3 Sollten Sie einen besonderen Befehl suchen, den Sie nicht auf Anhieb in der Auswahlliste finden, ist auch das kein Problem. Wenn Sie in der Auswahlliste auf den Eintrag

klicken, öffnet sich ein Fenster mit allen Befehlen, die grundsätzlich für den Schnellzugriff zur Verfügung stehen.

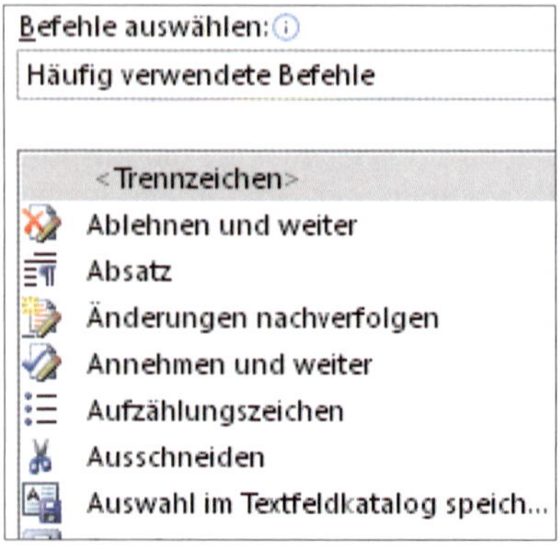

Im rechten Teil des Auswahlfensters sehen Sie die Befehle, die sich schon in der Symbolleiste befinden.

4 Wählen Sie aus der linken Befehlsliste den gewünschten Befehl per Mausklick aus, zum Beispiel

,

und klicken Sie anschließend auf die Schaltfläche

.

Daraufhin erscheint Ihr Befehl in der rechten Liste, etwa

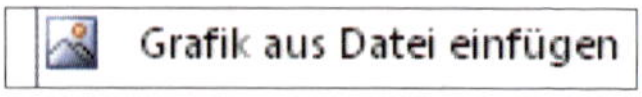

.

Sobald Sie Ihre Wahl per Klick auf

bestätigt haben, steht Ihnen der Befehl in der Symbolleiste zur Verfügung: ●.

5 Um einen Befehl aus der Symbolleiste zu löschen, gehen Sie einfach den umgekehrten Weg: Im Auswahlfenster klicken Sie im rechten Teil auf den entsprechenden Befehl, etwa

,

und danach auf die Schaltfläche

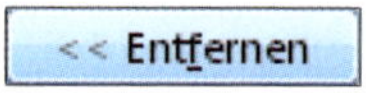

.

Nach einem Mausklick auf

ist der Befehl aus der Symbolleiste verschwunden.

■ Symbolleiste noch schneller anpassen: Wenn Sie im Menüband mit der *rechten* Maustaste auf eine freie Stelle klicken und dann einfach per Mausklick den Eintrag

wählen, wird sofort das Einstellungsfenster für die Symbolleiste für den Schnellzugriff angezeigt.

6 Haben Sie viele Befehle in die Symbolleiste aufgenommen, ist es praktisch, sich die Symbolleiste direkt über dem Text anzeigen zu lassen. Dazu klicken Sie in der Symbolleiste auf den Pfeil

und in der geöffneten Auswahlliste auf den Eintrag

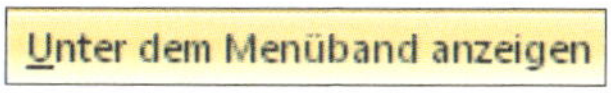

.

Sofort erscheint die Symbolleiste unterhalb vom Menüband, direkt über Ihrem Text.

Natürlich können Sie die vorgegebene Ordnung direkt wiederherstellen. Dazu müssen Sie in der Auswahlliste nur auf

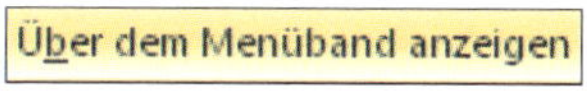

klicken. Dieser Eintrag erscheint aber nur dann, wenn Sie die Symbolleiste zuvor unter das Menüband verlegt hatten.

Symbolen schnell einen Tastenschlüssel zuweisen

Gerade bei der Textverarbeitung geht manches schneller, wenn man nicht die Finger von der Tastatur nehmen muss. Da hilft es sehr, dass sich bei Word für Symbole rasch **Tastenkombinationen** einrichten lassen.

1 Betätigen Sie gleichzeitig die Tasten [Strg], [Alt] und die [+]-Taste auf dem numerischen Tastenblock, rechts neben der alphanumerischen Tastatur. Der Mauszeiger verändert nun seine Form:

2 Klicken Sie mit dem veränderten Mauszeiger in der Symbolleiste oder dem Menüband auf das Symbol, dem Sie einen Tastenschlüssel zuweisen möchten. Hierbei können Sie durchaus auch Befehle aus einem Untermenü wählen.

Um beispielsweise einen Tastenschlüssel anzulegen, mit dem Sie den Inhalt der **Zwischenablage** ohne Formatierung in ein Dokument übernehmen können, klicken Sie auf ● und dann auf ●.

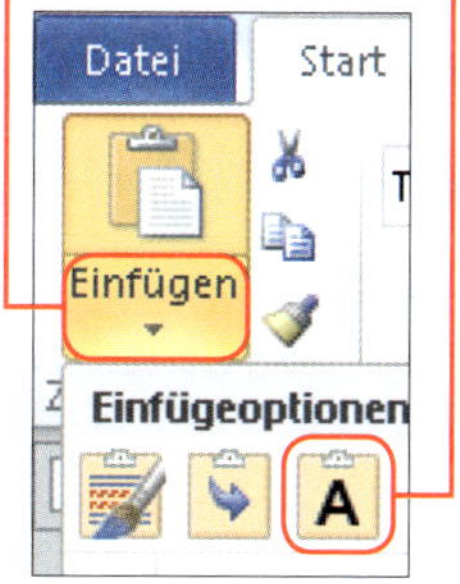

3 Im nachfolgenden Dialogfenster ist der Befehl bereits markiert, dem Sie nun einen Tastenschlüssel zuordnen wollen.

Klicken Sie ins Feld ●,

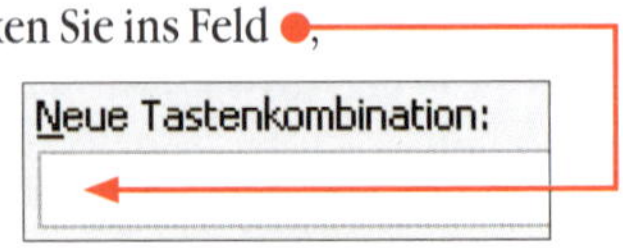

und drücken Sie gleichzeitig die Tasten, mit denen Sie den Befehl später aufrufen möchten. Der Tastenschlüssel erscheint daraufhin im Feld: ●.

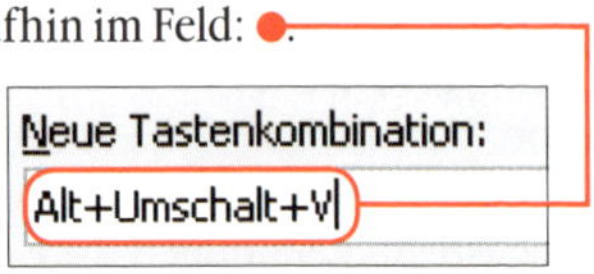

4 Um den Tastenschlüssel zu speichern, klicken Sie auf ●

und dann auf ●.

Befehle und Suchsprünge rasch wiederholen

Nicht immer brauchen Sie einen eigenen Tastenschlüssel, um schnell auf Befehle zuzugreifen. Oft genügt es, den letzten Befehl zu wiederholen. Gerade im Zusammenhang mit der Suchfunktion bietet sich hier eine Möglichkeit der schnellen Dokumentbearbeitung.

1 Um den letzten Befehl zu wiederholen, drücken Sie die Taste [F4].

2 Die letzte Suche können Sie ganz einfach wiederholen, indem Sie die beiden Tasten [⇧] und [F4] gleichzeitig drücken.

3 Wenn Sie wechselweise erst die Tastenkombination [⇧] und [F4] und dann die Taste [F4] allein drücken, springen Sie nacheinander alle Fundstellen der letzten Sucheingabe an und führen an dieser Stelle im Dokument den zuletzt eingegebenen Befehl erneut aus. So lassen sich beispielsweise Gestaltungen oder Einfügungen gezielt auf Fundstellen ausrichten.

Dokument mit Passwort schützen

Vertrauliche Dokumente sollten nicht von anderen gelesen oder verändert werden können. Word bietet Ihnen eine einfache Methode zur Dokumentabsicherung:

1 Wenn Sie ein Dokument erstellt haben, das Sie schützen wollen, klicken Sie zuerst auf

,

dann auf

und schließlich im sich öffnenden Fenster auf den Eintrag

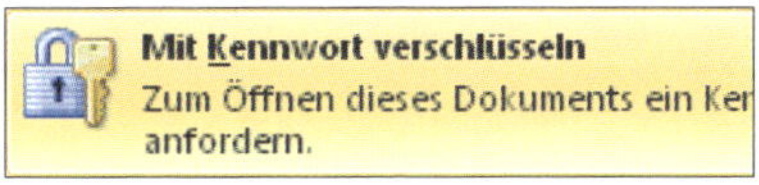

.

2 Im nächsten Fenster geben Sie per Tastatur ein Pass- beziehungsweise Kennwort ein. Damit das Passwort auch sicher ist, sollte es mindestens aus sechs Zeichen bestehen.

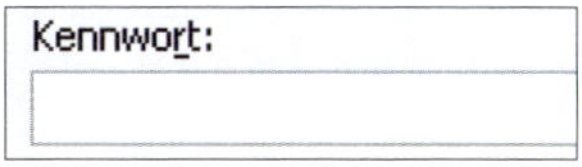

Klicken Sie dann auf

,

geben Sie Ihr Passwort erneut ein, und bestätigen Sie ein weiteres Mal mit OK.

3 Die Folge: Versuchen Sie oder eine andere Person das Dokument zu öffnen, muss zunächst das Passwort eingegeben

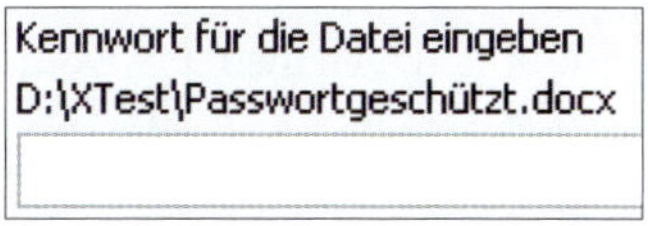

und per Druck auf die ↵-Taste bestätigt werden.

Passwortschutz entfernen

Wenn Sie ein Dokument per Passwort geschützt haben und es jetzt ohne Passwort weitergeben wollen, geht auch das ganz einfach. Natürlich müssen Sie dazu das Passwort kennen.

1 Öffnen Sie zunächst das passwortgeschützte Dokument, das Ihnen nach Eingabe des Passworts für Bearbeitungen zur Verfügung steht, und wiederholen Sie anschließend Schritt 1 des vorigen Tipps.

2 Daraufhin wird das Verschlüsselungsfenster angezeigt. Dort, wo Sie das Passwort eingegeben haben, sehen Sie jetzt aber als Platzhalter schwarze Punkte ●.

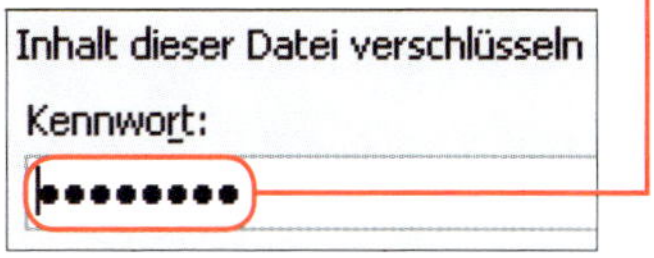

Diese Punkte gewährleisten, dass niemand, der Ihnen gerade über die Schulter blickt, auf dem Bildschirm Ihr Kennwort lesen kann. Sie markieren die schwarzen Punkte, indem Sie an den Anfang klicken, die Maustaste gedrückt halten und dann die Maus mit weiterhin gedrückter Maustaste bis ans Ende der Punkte ziehen. Danach brauchen Sie nur noch auf die Taste Entf zu klicken.

3 Speichern Sie die Datei wie gewohnt. Anschließend ist das Passwort verschwunden, und die Datei kann von jedem Benutzer eingesehen werden.

Private Daten aus Word-Dokumenten entfernen

In Word-Dokumenten werden nicht nur Texte gespeichert, sondern unter anderem auch Kommentare, Überarbeitungen, ausgeblendete Textteile und der Verfasser des Dokuments. Wollen Sie diese Informationen nicht mit weitergeben, müssen Sie sie vorsorglich löschen. Auch bei dieser Aufgabe unterstützt Sie Word 2010.

1 Bevor Sie die Daten aus dem Dokument löschen, sollten Sie die Fassung immer speichern! Denn sonst gehen schlimmstenfalls alle Daten verloren. Speichern Sie Ihr Dokument also vor der Reinigung unter einem anderen Namen ab. Nach der Sicherung des Dokuments klicken Sie zuerst auf den Eintrag

und dann im rechten Teil des Fensters auf den Eintrag

.

2 In der Liste, die daraufhin aufklappt, wählen Sie per Mausklick den Eintrag

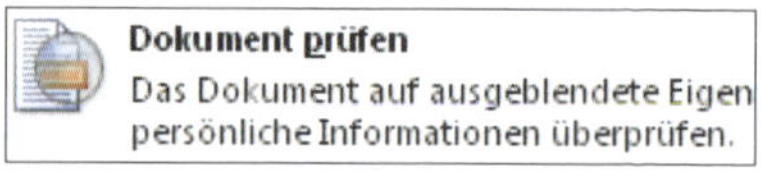

.

Sollte Ihre Datei zu diesem Zeitpunkt noch nicht gespeichert sein, erhalten Sie einen entsprechenden Warnhinweis.

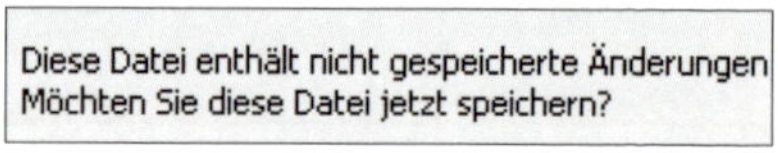

Zum Speichern des Dokuments genügt ein Mausklick auf die Schaltfläche

.

3 Anschließend öffnet sich das Fenster für die Dokumentprüfung.

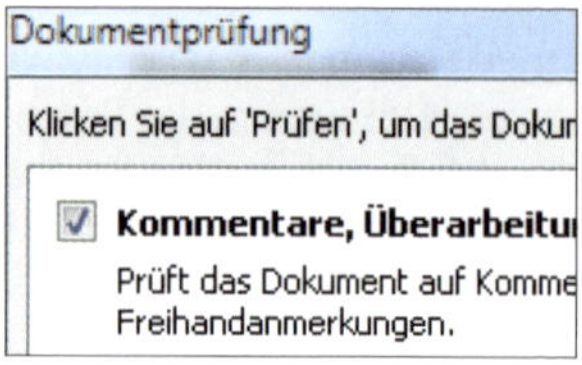

Standardmäßig sind alle Überprüfungsoptionen eingeschaltet. Deshalb klicken Sie einfach nur auf

.

4 Nun wird das Dokument überprüft und das Ergebnis der Prüfung angezeigt. Sind Kommentare und/oder private Daten vorhanden, werden die Einträge mit einem roten Ausrufezeichen gekennzeichnet: ●.

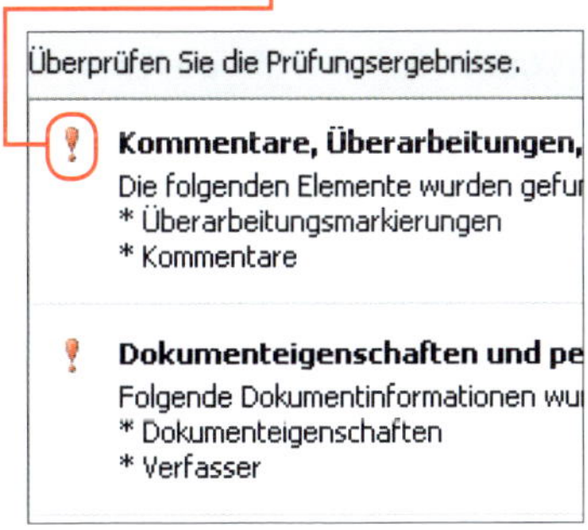

Sie können jetzt ohne Probleme Kommentare und andere Daten aus der Datei entfernen. Dazu klicken Sie neben den entsprechenden Einträgen einfach auf die dazugehörige Schaltfläche

.

5 Daraufhin werden die jeweiligen Dateiinformationen entfernt. Sie erkennen das daran, dass die Ausrufezeichen durch Häkchen ersetzt wurden: ●.

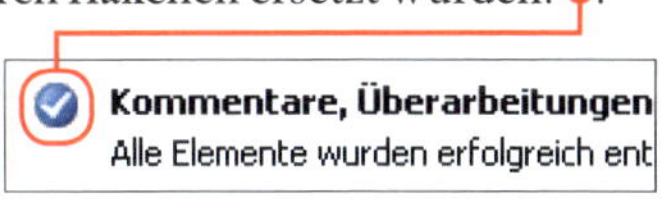

Zur Sicherheit wiederholen Sie die Reinigung per Mausklick auf

.

Zum Beenden der Dokumentüberprüfung reicht ein Klick auf die Schaltfläche

.

Danach ist Ihr Dokument von allen überflüssigen und privaten Informationen gereinigt, und Sie können es bedenkenlos weitergeben.

Dokumente im alten Word-Format speichern

Word 2010 speichert Dokumente in einem eigenen Format. Leider können ältere Versionen das sogenannte DOCX-Format nicht lesen. Falls Empfänger Ihrer Dokumente über eine ältere Version von Word verfügen, können Sie Ihre Texte ganz komfortabel auch in diesem Format speichern.

1 Um Dokumente automatisch im älteren Word-Format zu speichern, klicken Sie als Erstes auf

,

dann in der geöffneten Liste auf den Eintrag

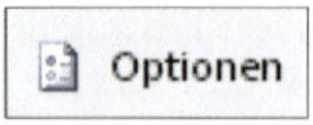

und schließlich in der nachfolgenden Liste auf den Befehl

.

2 Daraufhin wird ein weiteres Fenster angezeigt. Klicken Sie hier neben dem Eintrag

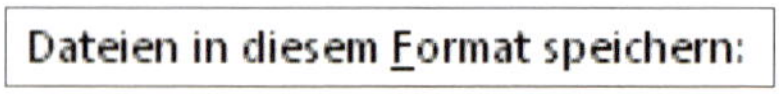

auf den nach unten weisenden Pfeil ●,

und wählen Sie dann per Mausklick aus der aufgeklappten Liste den Eintrag für die älteren Versionen von Word aus:

3 Sobald Sie Ihre Entscheidung mit einem Klick auf

bestätigt haben, werden alle künftigen Texte im DOC-Format für ältere Word-Versionen gespeichert. Selbstverständlich können Sie auch diese älteren Versionen mit Word 2010 bearbeiten und speichern. Wichtig: Wenn Sie ein Dokument *vor* der Umstellung als DOCX gespeichert haben, müssen Sie es erst per Hand als DOC-Dokument speichern. Denn nur neue Dokumente werden nach der Umstellung automatisch im DOC-Format gespeichert.

Zurück zum Menü von Word 2003

Falls Ihnen das Menüband von Word 2010 nicht so recht gefallen sollte, können Sie sich die „normalen" Menüs wie bei Word 2003 zurückholen. Dazu benötigen Sie nur ein kleines Programm, das für den Privatgebrauch kostenlos ist. Möchten Sie es kommerziell nutzen, müssen Sie es selbstverständlich bezahlen.

1 Sie finden das Programm unter der Internetadresse **www.ubit.ch**. Tippen Sie in die Adresszeile Ihres Internetzugriffsprogramms also ●

ein, und drücken Sie die [↵]-Taste.

2 Auf der geöffneten Internetseite wählen Sie per Mausklick den Eintrag

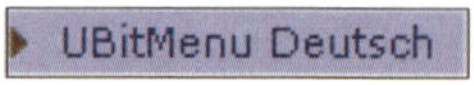

und anschließend den Befehl ●.

Die folgenden Dialoge bestätigen Sie jeweils mit einem Mausklick auf

.

3 Die Datei befindet sich jetzt in Ihrem **Download**-Ordner. Wichtig: Bevor Sie das Programm installieren, müssen Sie alle Microsoft Office-Programme schließen! Starten Sie dann die Installation des Programms per Doppelklick auf das Programmsymbol

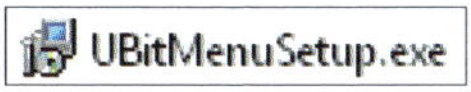

.

4 Wenn Sie künftig Word 2010 wie gewohnt starten, finden Sie einen neuen Eintrag im Menüband: ●.

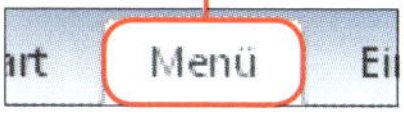

Nach einem Mausklick darauf erscheint das von Word 2003 gewohnte Bild der Befehle.

Möchten Sie das Menüband von Word 2010 zurückhaben, klicken Sie einfach auf einen anderen Eintrag wie „Start“ oder auch „Ansicht“.

2 Texterfassung und -kontrolle

Texte schreiben ist das eine, sie in gutem, möglichst fehlerfreiem Zustand abzugeben das andere. Nicht jeder kann sich ein Lektorat leisten, auch wenn es sich mancher Autor wünschen würde und es vielen Texten gut täte. Auf jeden Fall steigert eine Kontrolle, bevor alles zu Papier kommt, die Qualität merklich. Umso besser, dass Word selbst Instrumente für diese Kontrollen bereitstellt, deren Sie sich beim Schreiben und für die Endfassung Ihres Dokuments bedienen können.

Und nicht nur vor Rechtschreib- und Grammatikfehlern ist man bei Word einigermaßen gewappnet. Sehr praktisch ist zudem, dass das Programm auch dabei hilft, dem Leser mit einem Inhaltsverzeichnis die Übersicht über den Text zu geben. Dass die zahlreichen Funktionen, die Word für die Generierung eines Inhaltsverzeichnisses zur Verfügung stellt, dem Autor viel Arbeit abnehmen, versteht sich von selbst.

Kapitel-Wegweiser

Ein Inhaltsverzeichnis hinzufügen

Wenn Sie längere Texte schreiben, ist es meist sinnvoll, diese durch Kapitel zu unterteilen beziehungsweise zu strukturieren. Word kann Ihnen einen Großteil der Arbeit abnehmen. Sie brauchen nur die Kapitel und auch Unterkapitel zu definieren – und dann kann automatisch ein Inhaltsverzeichnis angelegt werden.

1 Die Überschriften für die Kapitel müssen Sie natürlich selbst schreiben. Danach hilft Ihnen Word. Tippen Sie also den Titel des Kapitels ein, und **markieren** Sie den Text, im Beispiel

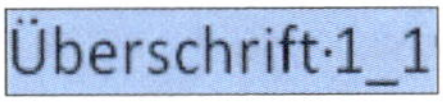

.

Klicken Sie anschließend im **Menüband** erst auf

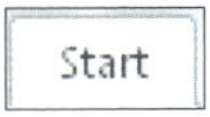

und dann im Bereich

auf die gewünschte **Formatvorlage**, in diesem Fall auf

.

2 Wenn Sie mit der Maus auf die Formatvorlage zeigen, wird darunter angezeigt, was sich hinter der jeweiligen Formatvorlage verbirgt, im Beispiel

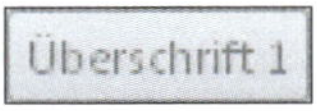

.

Sollte Ihnen diese Methode zu mühsam sein, lassen Sie sich einfach alle Formatvorlagen auf einmal anzeigen. Dazu klicken Sie neben dem Eintrag der Formatvorlagen auf den Pfeil.

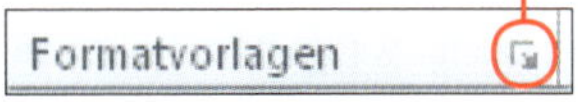

Aus der sich daraufhin öffnenden Liste können Sie dann das gewünschte Format per Mausklick auswählen.

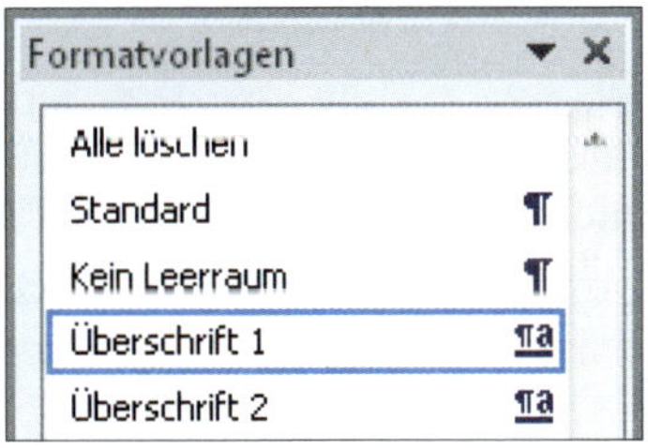

3 Nachdem Sie die erste Überschrift markiert haben, markieren Sie auch die restlichen Überschriften, wie in Schritt 1 gezeigt. Für Unterkapitel verwenden Sie entsprechend die Formatvorlage

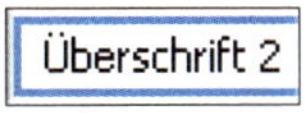

.

4 Haben Sie noch weitere Unterkapitel, finden in der Liste aber zum Beispiel

nicht die „Überschrift 3“, klicken Sie unterhalb der Liste auf

.

Daraufhin werden die fehlenden Formatvorlagen aufgelistet. Viele davon werden allerdings bei der Arbeit mit Word in der Formatvorlagenliste nicht angezeigt, etwa ●.

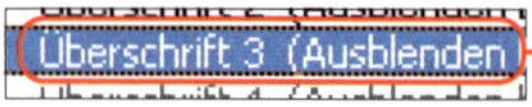

Damit die gewünschte Formatierung auch in der Schnellansicht zur Verfügung steht, klicken Sie auf den Registerreiter

und markieren die Formatierung, auf die Sie in der Liste rasch zugreifen möchten. Dann folgt noch ein Mausklick auf die Schaltfläche

.

Wenn Sie anschließend die Schnellformatierungsliste aufrufen, finden Sie auch den neuen Eintrag, im Beispiel ●.

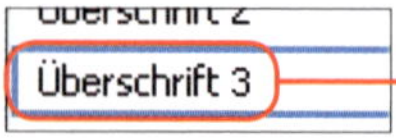

5 Nachdem Sie alle Überschriften formatiert haben, müssen Sie nur noch das Inhaltsverzeichnis an der richtigen Stelle platzieren und von Word generieren lassen. Dazu klicken Sie als Erstes an den Anfang des Textes, wo das Inhaltsverzeichnis erscheinen soll, meist also *vor* den Textbeginn. Danach klicken Sie im Menüband auf den Registerreiter

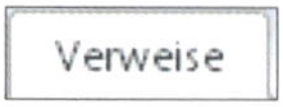

und wählen dann den Eintrag für das Inhaltsverzeichnis aus:

6 Nun können Sie entscheiden, welches Format Ihr Inhaltsverzeichnis bekommen soll. Wenn Sie zum Beispiel den ersten Eintrag ●

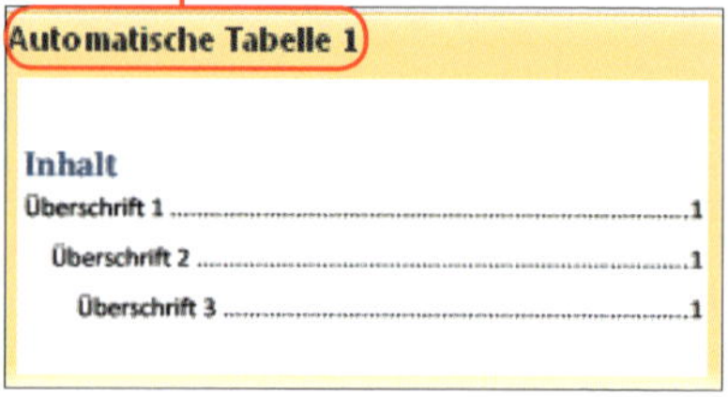

wählen, ist Ihr Inhaltsverzeichnis folgendermaßen aufgebaut:

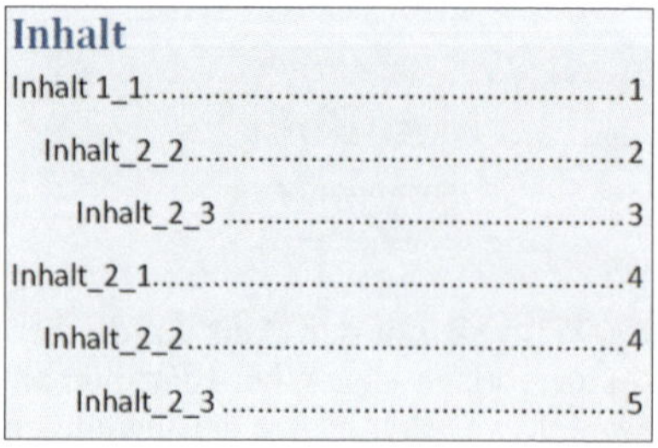

7 In ganz seltenen Fällen kann das Inhaltsverzeichnis aber auch so aussehen:

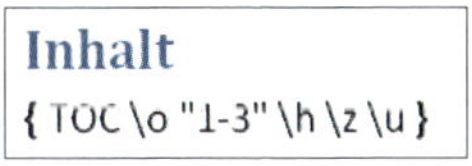

In dem Fall ist die sogenannte **Feldfunktion** ausgeschaltet. Mit der **Tastenkombination** [Alt] und [F9] schalten Sie sie ein und erhalten dann die korrekte Ansicht.

8 Sie brauchen sich um Ihr Inhaltsverzeichnis nicht weiter zu kümmern, denn bei jeder Änderung im Dokument (auch bei aktualisierten oder ergänzten Überschriften) ändert sich das Inhaltsverzeichnis entsprechend. Nur im Inhaltsverzeichnis selbst dürfen Sie keine Änderungen vornehmen. Haben Sie eine Überschrift im Dokument abgeändert, etwa ●,

müssen Sie lediglich das Inhaltsverzeichnis aktualisieren. Dazu markieren Sie als Erstes das Inhaltsverzeichnis per Mausklick. Daraufhin erscheint über dem Inhaltsverzeichnis der Befehl

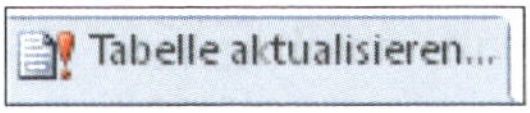

.

Lassen Sie sich nicht durch die Bezeichnung „Tabelle" irritieren. Damit ist Ihr Inhaltsverzeichnis gemeint. Klicken Sie diesen Eintrag an.

9 Im Fenster, das daraufhin geöffnet wird, klicken Sie auf den zweiten Eintrag, sodass im Kreis davor ein blauer Punkt erscheint: ●.

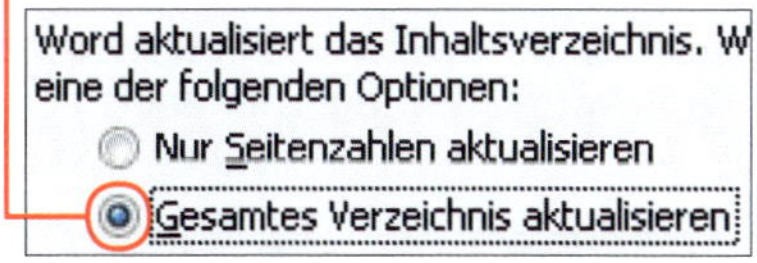

Sobald Sie Ihre Wahl per Mausklick auf die Schaltfläche

bestätigen, werden alle Änderungen übernommen.

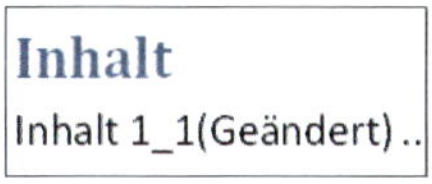

10 Auch wenn Sie weitere Überschriften hinzufügen, werden diese genauso in das Inhaltsverzeichnis aufgenommen. Über die Seitenzahlen im Inhaltsverzeichnis müssen Sie sich ebenfalls keine großen Gedanken machen. Wenn Sie Ihren Text weitergeschrieben haben, wiederholen Sie einfach Schritt 8 dieses Tipps, markieren dann in Schritt 9 im Aktualisierungsfenster aber den ersten Eintrag per Mausklick: ●.

Bestätigen Sie die Einstellung per Mausklick auf

,

werden die Seitenzahlen aktualisiert.

11 Bevor Sie Ihren Text ausdrucken, sollten Sie das Inhaltsverzeichnis grundsätzlich noch einmal komplett aktualisieren, wie in Schritt 9 gezeigt: ●.

Dann ist Ihr Text mitsamt dem angepassten Inhaltsverzeichnis mit Sicherheit auf dem neuesten Stand.

Einträge ohne Überschriften ins Inhaltsverzeichnis

Nicht immer ist ein Dokument durch Überschriftenformate gegliedert. Trotzdem sollten längere Texte ein Inhaltsverzeichnis haben. Wie praktisch ist es da, dass Absätze von Word auch ohne Überschriften automatisch ins Inhaltsverzeichnis einbezogen werden können: Sie brauchen dem Absatz nur eine Gliederungsebene zuzuweisen. Das ist vor allem dann hilfreich, wenn Sie Randbemerkungen und Kästen, die lediglich ein Stichwort ohne Überschriftenformat kennzeichnet, gezielt ins Inhaltsverzeichnis aufnehmen möchten.

1 Setzen Sie die **Einfügemarke** in den Absatz, der ins Inhaltsverzeichnis aufgenommen werden soll. Am besten sollte es sich hierbei nur um ein Stichwort, höchstens um eine Zeile handeln, beispielsweise „Vorsicht in Ausnahmefällen“: ●.

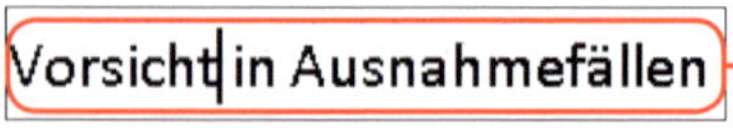

2 Klicken Sie dann im Start-Menüband ●

im Bereich ● auf das Symbol ●.

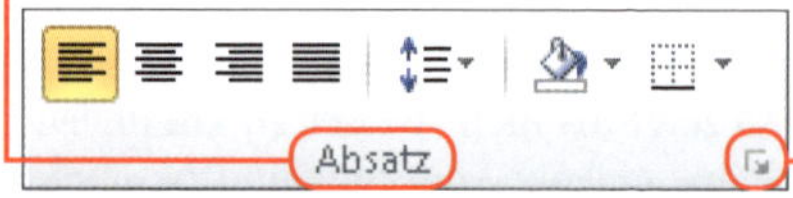

3 Im Dialogfenster, das sich daraufhin öffnet, klicken Sie zunächst auf ● und markieren dann in der aufklappenden Liste mit einem Mausklick die Gliederungsebene, die dem Absatz zugeordnet werden soll, beispielsweise ●.

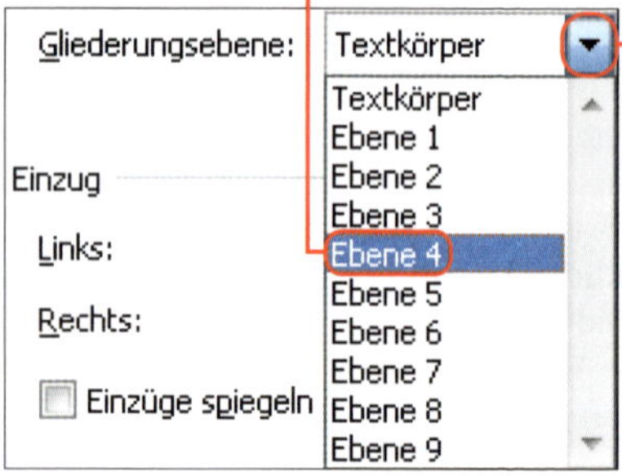

4 Wenn Sie nun das Inhaltsverzeichnis generieren (siehe vorigen Tipp), werden neben den formatierten Überschriften auch die Absätze aufgenommen, denen Sie manuell eine Gliederungsebene zugewiesen haben.

Wörterbuch von falschen Einträgen bereinigen

Zu den praktischen Hilfen von Word zählt auch die automatische **Rechtschreibprüfung**. Falsch geschriebene Wörter werden direkt unterkringelt, sodass Sie Korrekturen sofort vornehmen können. Wörter, die nicht im Korrekturwörterbuch vorhanden sind, können Sie ganz nach Wunsch aufnehmen. Geschieht dabei ein Malheur, ist es natürlich möglich, den fehlerhaften Eintrag auch wieder zu entfernen. Und so geht's:

1 Angenommen, Sie haben ein Wort falsch geschrieben. Da das Wörterbuch von Word keinen entsprechenden Eintrag gefunden hat, wird der Begriff rot unterkringelt, im Beispiel

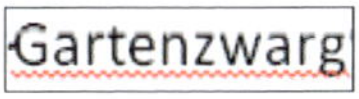

.

Nun kann es an einem hektischen Tag durchaus passieren, dass Sie nicht ganz bei der Sache sind - und schwups haben Sie aus Versehen das fehlerhafte Wort per *rechtem* Mausklick und Auswahl aus dem **Kontextmenü**

in das Wörterbuch aufgenommen.

2 Infolgedessen kann Word den Fehler nicht mehr erkennen und wird ihn deshalb in Zukunft auch nicht mehr beanstanden.

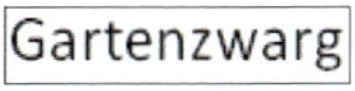

Das ist natürlich nicht im Sinne des Erfinders und sollte so rasch wie möglich geändert werden. Um also den fehlerhaften Eintrag aus dem Wörterbuch von Word zu entfernen, klicken Sie erst auf

und dann auf

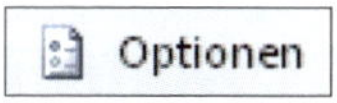

.

In der sich öffnenden Liste folgt ein Mausklick auf den Eintrag

.

3 Wenn Sie im rechten Teil des Fensters auf

klicken, wird die Liste mit den Wörterbüchern geöffnet. Das Standardwörterbuch (das erste in der Liste) ist bereits markiert:

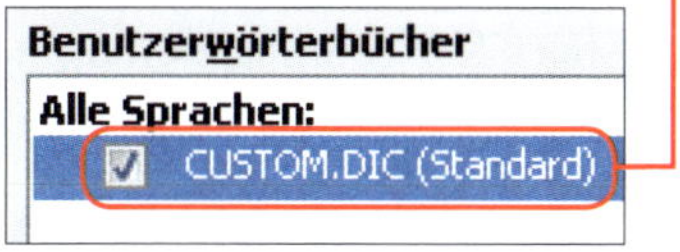

Klicken Sie neben dem Eintrag auf die Schaltfläche

.

4 Damit der falsche „Gartenzwarg" nun nicht mehr sein Unwesen treiben kann, markieren Sie ihn in der geöffneten Liste per Mausklick

und klicken anschließend auf die Schaltfläche

.

Bestätigen Sie dann den Löschvorgang wie üblich mit einem Mausklick auf die Schaltfläche

.

Damit ist der fehlerhafte Eintrag entfernt, der unsägliche „Gartenzwarg" also verschwunden, und Word macht Sie künftig wieder auf das falsch geschriebene Wort aufmerksam.

Wörter ignorieren und wieder in die Überprüfung einbeziehen

Word hält Sie schon bei der Texterfassung über etwaige Eingabefehler auf dem Laufenden. Denn dort, wo Word einen Tippfehler vermutet, erscheint unübersehbar eine rote Zickzacklinie unter dem Wort. Der Grund für den mutmaßlichen Korrekturbedarf besteht oft einfach darin, dass das beanstandete Wort nicht im Wörterbuch von Word verzeichnet ist. In diesem Fall können Sie die Fehlermeldung einfach für den ganzen Text ignorieren. Wenn Sie dies Word mitteilen, bleiben Sie künftig von unnötigen Korrekturmarkierungen verschont.

1 Wenn Word eine Schreibweise bemängelt und Sie sich sicher sind, dass Sie das Wort richtig geschrieben haben, klicken Sie das Wort mit der *rechten* Maustaste an und wählen im Kontextmenü den Befehl ●.

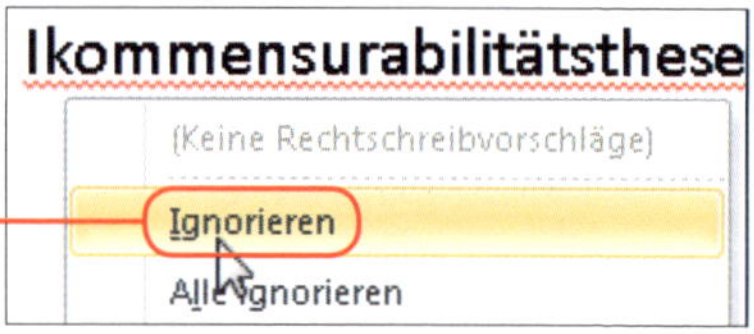

2 Damit das Wort nicht nur hier, sondern im ganzen restlichen Dokument nicht mehr bemängelt wird, klicken Sie im Kontextmenü stattdessen auf den Eintrag ●.

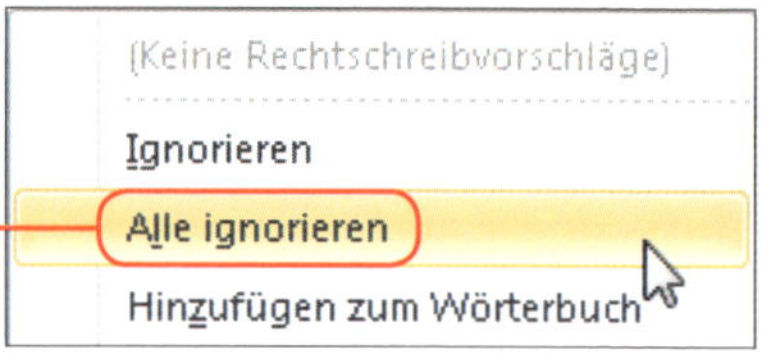

3 Hiermit entfernen Sie nicht nur die roten Linien, sondern schließen das

Wort in der vorliegenden Schreibweise von der Rechtschreibkorrektur aus. Diese Entscheidung ist dauerhaft, da Word diese Konfiguration speichert und sich auch nach dem Beenden der Arbeit am Dokument merkt. Wenn Sie das Dokument später also wieder neu öffnen, wird die Schreibweise in der ignorierten Form weiterhin nicht bemängelt. Das gilt auch für den Fall, dass Sie sich zwischenzeitlich davon überzeugt haben, dass das Wort von Ihnen doch falsch erfasst und voreilig als korrekt bestätigt wurde. Doch Word bietet Ihnen die Chance, diesen Fehler rückgängig zu machen.

4 Damit das Wort wieder in den automatischen Korrekturlauf von Word einbezogen wird, klicken Sie im Menüband auf ●

und anschließend im geöffneten Menü auf ●.

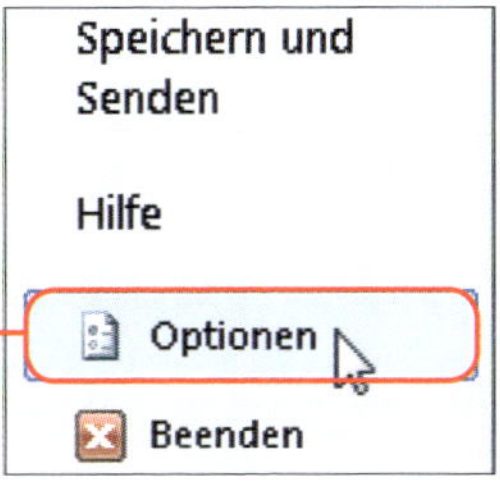

5 Im Dialogfenster mit den Word-Optionen, das daraufhin erscheint, folgt ein Mausklick auf ●.

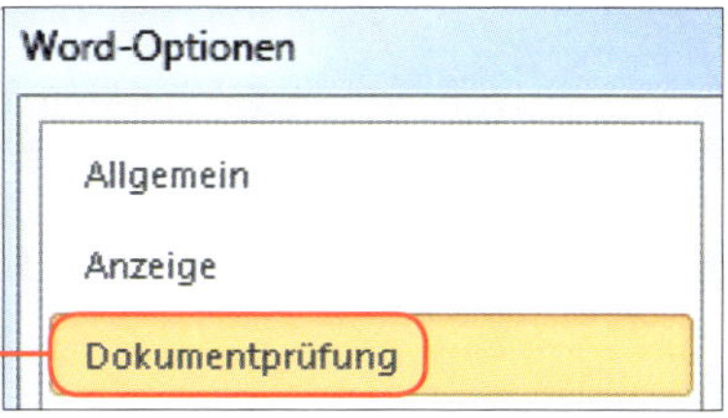

Klicken Sie dann im Bereich ● auf ●,

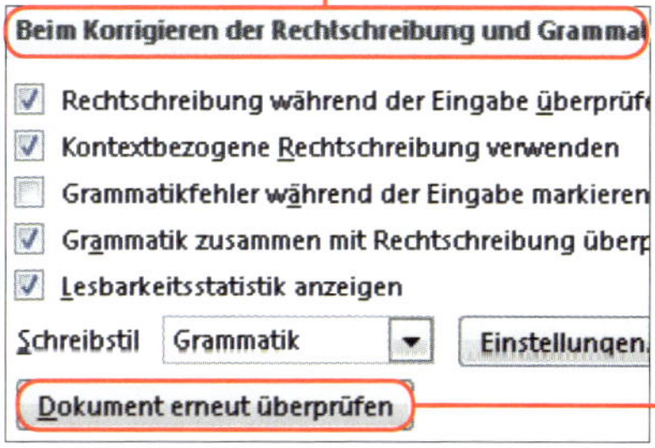

und schließen Sie das Fenster danach mit

.

Nun werden auch wieder jene Wörter überprüft, die Sie zuvor bei der Arbeit im Dokument ignoriert hatten, und Schreibweisen, die vom Word-Wörterbuch abweichen, werden wieder so lange mit einer Schlangenlinie hervorgehoben,

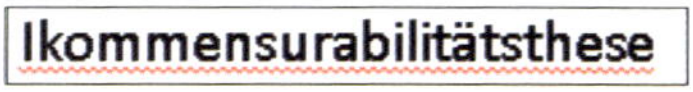

bis Sie den Fehler berichtigen.

Automatische Rechtschreibprüfung gezielt ausschalten

Wenn Sie die automatische Rechtschreibprüfung beim Schreiben oder Lesen ablenkt, so können Sie sie einfach abschalten. Dies hilft auch, wenn Sie ein bereits korrigiertes Dokument empfangen und erneut öffnen oder ein Zitat in einen Text aufnehmen, dessen Schreibweise vom modernen Deutsch abweicht.

1 Markieren Sie zunächst die Passage, für die Sie die Überprüfung ausschalten wollen. Um die Rechtschreibkorrektur für den ganzen Text zu deaktivieren, markieren Sie als Erstes das gesamte Dokument, indem Sie die Strg-Taste drücken und gleichzeitig auf die Taste A tippen. Klicken Sie nun in der Statusleiste auf ●.

2 Im Dialogfenster „Sprache“ genügt ein Mausklick auf ●,

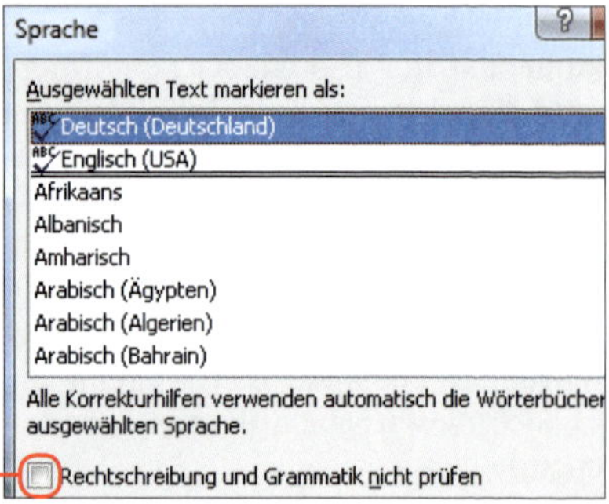

sodass das Kontrollkästchen mit einem Häkchen ●

markiert ist. Sobald Sie die Einstellung mit einem Klick auf

bestätigt haben, ist die automatische Rechtschreibprüfung ausgeschaltet.

3 Textgestaltung leicht gemacht

Microsoft Word ist nicht nur eine einfache Textverarbeitung, mit der Sie Ihre Briefe und andere Texte schreiben und ausdrucken können. Darüber hinaus greift Ihnen Word tatkräftig unter die Arme, wenn es darum geht, Texte auch professionell zu gestalten. So lassen sich längere Dokumente ganz einfach mit Seitenzahlen in unterschiedlichen Formen versehen. Mit Kopf- und Fußzeilen werden Ihre Texte übersichtlich, Briefe erhalten einen individuellen Anstrich. Zudem können Sie für Tabellen ohne Probleme im laufenden Text vom Hoch- zum Querformat wechseln, einmal festgelegte **Formatierungen** mit ein paar Mausklicks auf andere Textstellen übertragen oder auch Text aus Internetseiten ohne störende Formatierung übernehmen. Fertige Vorlagen für Briefe oder Tabellen erleichtern die Arbeit am PC ebenfalls, sodass Ihrem Gestaltungsdrang kaum Grenzen gesetzt werden.

Kapitel-Wegweiser

Texte mit Vorlagen gestalten

Möchten Sie einfach nur einen Text schreiben, starten Sie Word und öffnen ein leeres Dokument. Wenn Sie allerdings ein speziell gestaltetes Dokument brauchen - zum Beispiel für Briefe, Tabellen und Einladungen -, lassen Sie sich vom Programm helfen: Für die unterschiedlichsten Textsorten bringt Word passende Vorlagen mit. Sollten Sie nichts Passendes finden, können Sie sich auch bei Microsoft im Internet umschauen.

1 Sobald Sie Word gestartet haben, können Sie direkt mit einer der beigefügten Vorlagen loslegen. Dazu klicken Sie als Erstes auf

und dann auf

.

Im rechten Teil des Fensters werden daraufhin die vorhandenen Vorlagen aufgelistet.

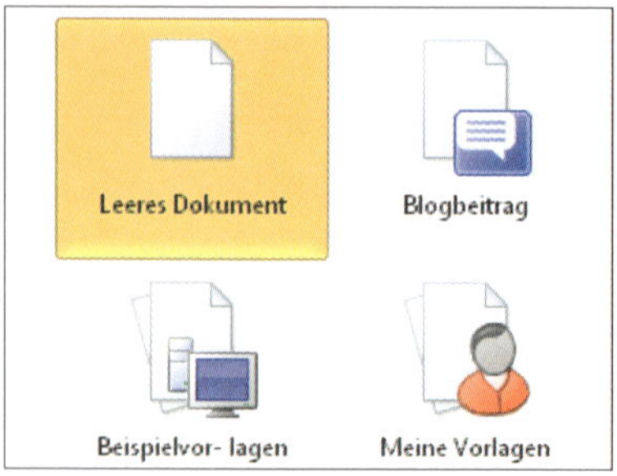

2 Um jetzt einen Überblick über die Vorlagen zu bekommen, klicken Sie auf das Symbol.

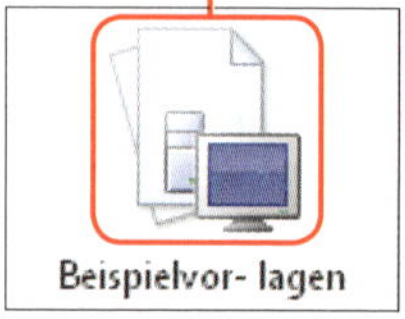

Anschließend können Sie eine der angezeigten Vorlagen per Mausklick auswählen, beispielsweise diejenige für einen Lebenslauf:

3 Zum Öffnen dieser Vorlage genügt ein Mausklick auf die Schaltfläche

.

Umgehend erscheint ein Dokument mit der gewählten Vorlage.

4 Diese Vorlage können Sie nun ganz einfach verwenden, indem Sie den Füll- bzw. Platzhaltertext überschreiben.

Überflüssige Teile löschen Sie einfach.

5 Falls Ihnen die Beispielvorlagen nicht ausreichen sollten, finden Sie direkt bei Microsoft noch weitere Vorlagen. Dazu müssen Sie mit dem Internet verbunden sein. Sollte dies nicht der Fall sein, erhalten Sie beim Versuch, die entsprechenden Dateien abzurufen, eine Fehlermeldung.

Sowie die Verbindung mit dem Internet steht, können Sie eine der Vorlagen von Office.com per Mausklick auswählen.

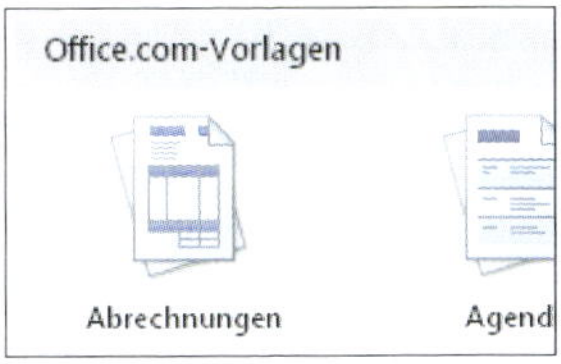

6 Angenommen, Sie haben sich mit einem Mausklick für die Vorlage eines Besprechungsprotokolls

entschieden. Dann brauchen Sie nur noch auf die Schaltfläche

zu klicken – und schon wird die Vorlage heruntergeladen und kann von Ihnen bearbeitet werden.

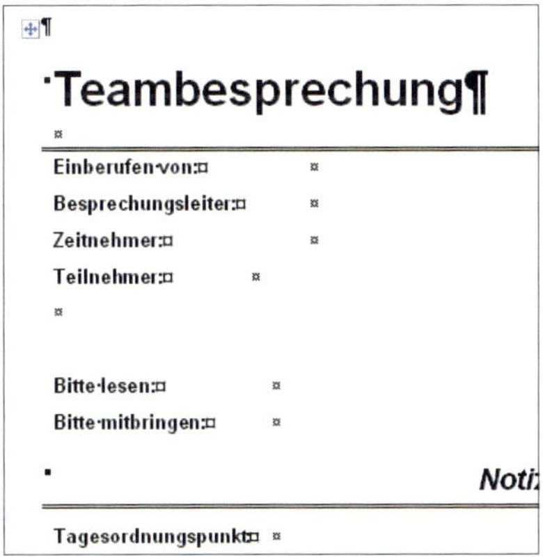

Dokument mit Seitenzahlen versehen

Bei einem längeren Text ist es einfacher, die Übersicht zu behalten, wenn Seitenzahlen vorhanden sind. Dazu müssen Sie nicht unter jeder Seite die Seitenzahl eingeben, denn das kann Word für Sie automatisch erledigen.

1 Um die Seitenzahlen für den Text einzufügen, klicken Sie zunächst im **Menüband** auf den Registerreiter

und danach auf den Eintrag

.

2 Daraufhin öffnet sich eine Auswahlliste. Wenn Sie hier zum Beispiel auf den Eintrag

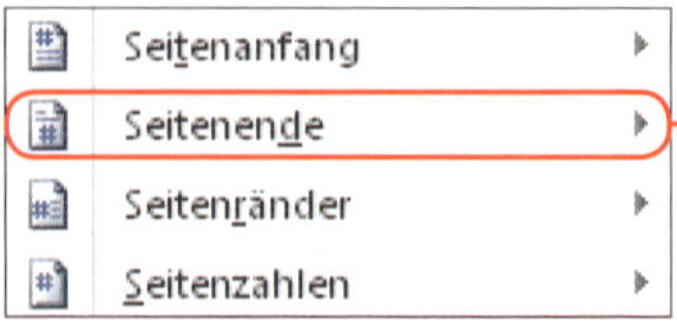

klicken, können Sie auch noch entscheiden, wo die Seitenzahlen platziert werden sollen. Wählen Sie zum Beispiel den ersten Eintrag,

erscheint die Seitenzahl links am Ende jeder Textseite.

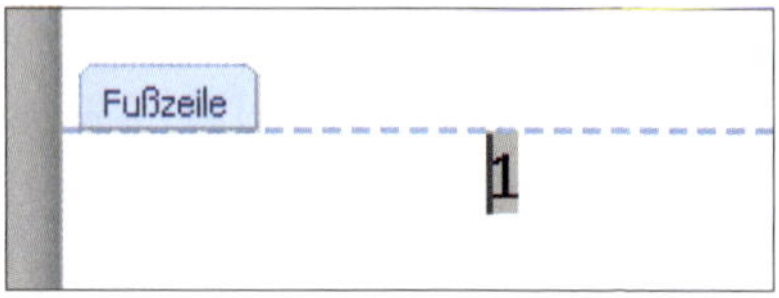

> **Einschränkungen im Layout-Modus**
>
> Word schaltet beim Einfügen der Seitenzahlen in den sogenannten Layout-Modus um. Dabei wird der eigentliche Text ausgeblendet (erscheint grau) und kann nicht bearbeitet werden. Per Doppelklick in den Text können Sie den Layout-Modus wieder verlassen.

3 Damit sich die Seitenzahlen besser vom Text abheben, können Sie auch eine Linie über jede Seitenzahl einfügen. Dazu klicken Sie im Auswahlfenster, das Sie im Schritt 1 geöffnet haben, auf den Eintrag.

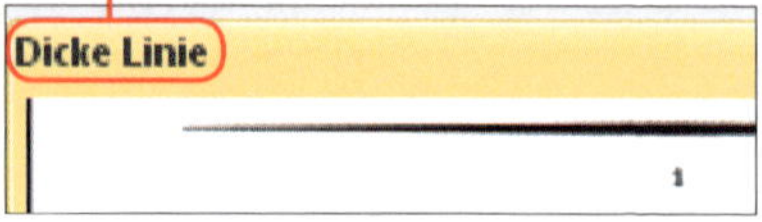

Das Ergebnis:

4 Selbstverständlich ist es auch möglich, anders formatierte Zeichen als Seitenzahlen zu verwenden. Wenn Sie zum Beispiel römische Zahlen bevorzugen, klicken Sie in dem Auswahlfenster, das sich nach Schritt 1 öffnet, auf den Eintrag

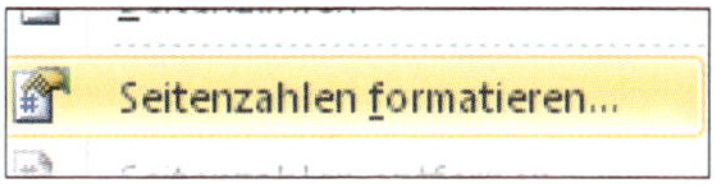

.

Im daraufhin erscheinenden Fenster klicken Sie neben dem Eintrag für das Zahlenformat auf den Pfeil ●

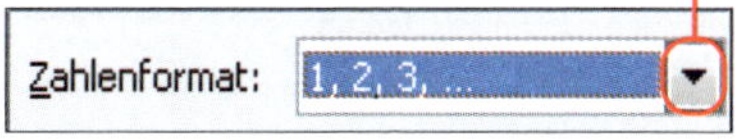

und anschließend in der geöffneten Liste auf ●.

Mit einem Mausklick auf die Schaltfläche

bestätigen Sie Ihre Entscheidung. Das Ergebnis:

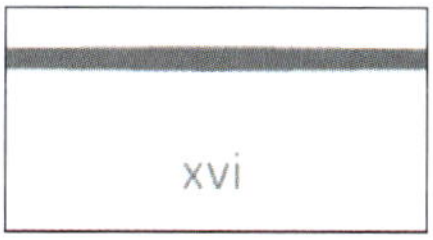

Kopf- und Fußzeilen gestalten

Merkmale einer professionellen Textgestaltung können auch sogenannte Kopf- und Fußzeilen sein. Das ist jeweils ein Bereich über oder unter dem Text, in den Sie wichtige Informationen (wie Name, Adresse oder Bankverbindung) eingeben können. Es versteht sich von selbst, dass Word Ihnen bei der Erfassung und Gestaltung von Kopf- und Fußzeilen ebenfalls behilflich ist.

1 Um eine Kopf- oder Fußzeile anzulegen, klicken Sie im Menüband auf den Registerreiter ●

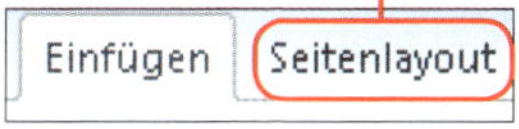

dann auf ● für eine Kopfzeile oder auf ●

für eine Fußzeile und im Menü auf

beziehungsweise auf

.

2 Word positioniert nun den Mauszeiger je nach Befehl im Bereich für Kopf- oder Fußzeilen. Der Bereich wird mittels einer blauen Line abgegrenzt: ●.

Gleichzeitig wird ein neues Register eingeblendet und automatisch das entsprechende Menüband aktiviert.

Dieses Register beinhaltet die speziell auf die Kopf- und Fußzeilenbearbeitung angepassten Befehle und ist nur sichtbar, wenn der Mauszeiger in einer Kopf- oder Fußzeile steht.

3 Möchten Sie zwischen Kopf- und Fußzeile wechseln, brauchen Sie in diesem Menüband nur auf das entsprechende Symbol im Menüband zu klicken, etwa ●.

4 Sobald Sie sich im Layout-Modus befinden und der Mauszeiger ganz nach Wunsch im Fuß- oder im Kopfzeilenbereich blinkt, können Sie wie gewohnt einen beliebigen Text eingeben, der dann auf jeder Seite des Dokuments erscheint.

Haben Sie alle gewünschten Angaben gemacht, verlassen Sie den Layout-Modus per Mausklick auf das Schließkreuz ● im Menüband.

5 Alle Angaben, die Sie im Kopf- oder Fußzeilenbereich machen, können Sie ganz nach Wunsch gestalten. Um den Kopf- oder Fußzeilenbereich für Eingaben oder Änderungen zu aktivieren, klicken Sie einfach in dem Bereich doppelt auf einen vorhandenen Kopf- oder Fußzeileneintrag, beispielsweise ●.

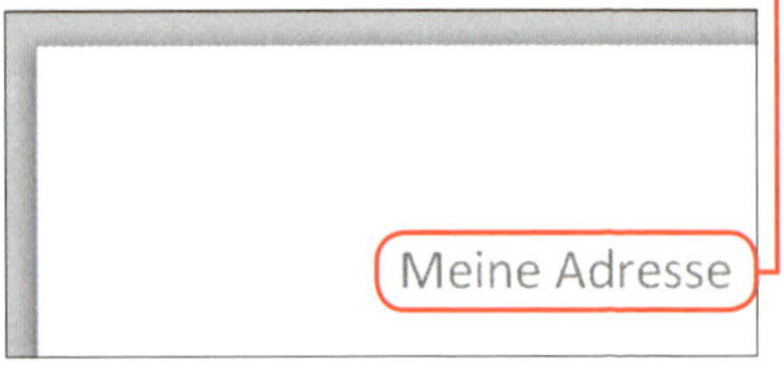

Nun erscheint die gestrichelte Trennlinie, und die Kopf- oder Fußzeile kann bearbeitet werden.

6 Soll Ihr Name oder Firmenname beispielsweise in der Mitte der Kopfzeile platziert werden, drücken Sie einfach die [⇄]-Taste. Daraufhin wird der eingegebene Text zentriert, also in die Mitte der Zeile gesetzt.

7 Ebenso einfach geben Sie das aktuelle Datum ein. Klicken Sie im Menüband auf das entsprechende Symbol

,

und suchen Sie sich aus dem dann geöffneten Auswahlmenü eine Version per Mausklick aus, etwa ●.

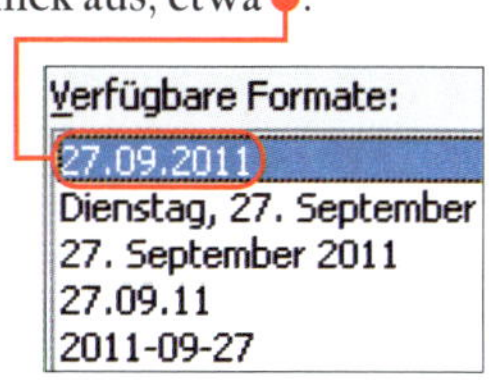

Nachdem Sie Ihre Wahl mit

bestätigt haben, sehen Sie sofort das Ergebnis, im Beispiel ●.

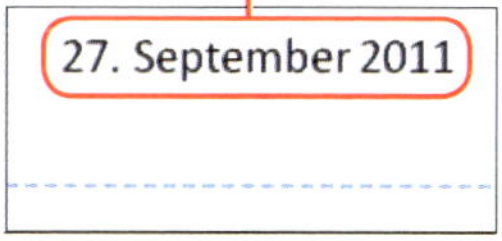

8 Wenn Sie das Datum am rechten Rand der Kopf- oder Fußzeile anordnen möchten, platzieren Sie den Mauszeiger vor dem Datum und drücken dann zweimal die [⇄]-Taste. Schon erscheint Ihr Datum am rechten Rand der Zeile.

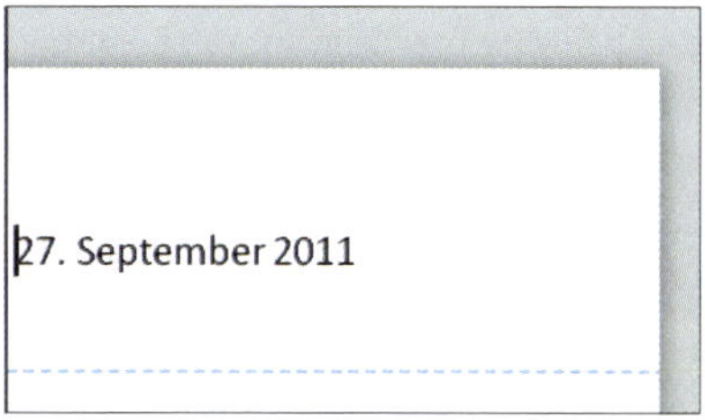

9 Mitunter kann es sinnvoll sein, die erste Seite eines Dokuments anders zu gestalten als die anschließenden Folgeseiten. Kein Problem: Setzen Sie einfach

im Menüband im Register

per Klick in das Kästchen ein Häkchen.

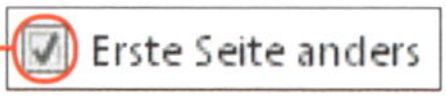

Jetzt können Sie die Kopf- oder Fußzeile der ersten Seite unabhängig von den Folgeseiten gestalten.

Sonderzeichen einfügen

In vielen Fällen benötigen Sie Zeichen, die sich nicht auf der Tastatur befinden. Word hält jedoch eine große Auswahl an Sonderzeichen und Symbolen bereit, die sich ganz einfach in jeden Text einfügen lassen.

1 Um Zugriff auf die Sonderzeichen und Symbole zu erhalten, klicken Sie im Menüband als Erstes auf den Registerreiter

und danach ganz rechts im Menüband auf

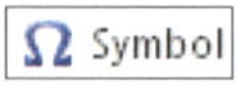

.

2 Daraufhin öffnet sich ein Fenster mit einigen Symbolen. Per Mausklick auf eines der Symbole, etwa ,

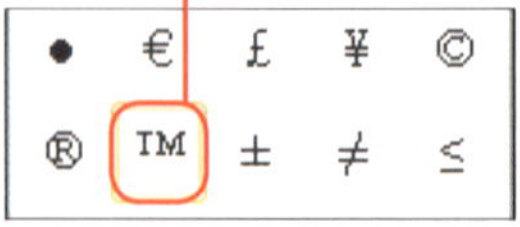

erscheint dieses sofort in Ihrem Text, und zwar genau an der Stelle, an der Sie zuvor die Einfügemarke platziert hatten.

3 Befindet sich das gewünschte Zeichen nicht in der Auswahl, klicken Sie unterhalb der angezeigten Symbole auf den Eintrag

.

Daraufhin haben Sie Zugriff auf alle verfügbaren Zeichen. Um auch diejenigen anzuzeigen, die gerade nicht sichtbar sind, klicken Sie auf den Rollbalken in der **Bildlaufleiste**,

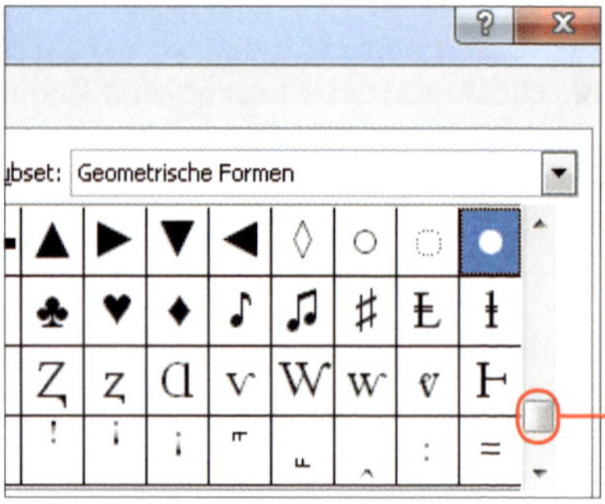

halten die Maustaste gedrückt und ziehen den Balken mit weiterhin gedrückter Maustaste nach unten oder oben. Zum Einfügen eines Symbols markieren Sie es per Mausklick, zum Beispiel ,

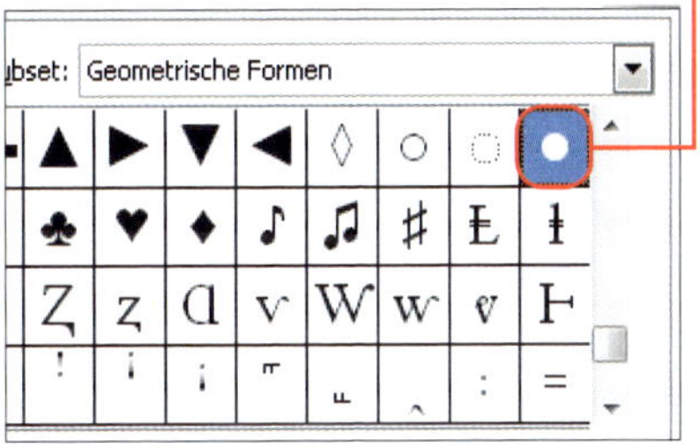

und klicken dann auf die Schaltfläche

.

Anschließend wird das ausgewählte Zeichen ebenfalls in Ihren Text übernommen.

4 Haben Sie ein Symbol aus der Liste in Ihren Text eingefügt, zum Beispiel einen sogenannten Smily ☺, dann wird dieser beim nächsten Aufruf der Symbolliste in der Direktauswahl an erster Stelle angezeigt: .

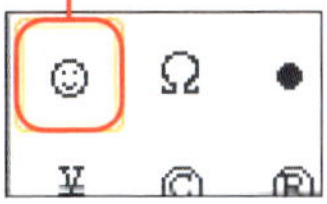

Sonderzeichen erzeugen mit Tastenkombinationen

Einige Sonderzeichen lassen sich auch ganz einfach über die Tastatur eingeben. Voreingestellt ist bei Word zum Beispiel das Zeichen für Copyright. Sie erhalten es, wenn Sie die Zeichenfolge (C) eintippen. Die Autokorrektur wandelt dies sofort in das gewünschte Copyright-Zeichen © um. Stattdessen können Sie aber auch die **Tastenkombination** Strg, Alt und C drücken. Mit anderen Tastenkombinationen erzeugen Sie weitere Zeichen: So ergibt die Tastenkombination Strg, Alt und R das Symbol für ein eingetragenes Warenzeichen (®) oder die Tastenkombination Strg, Alt und T das Symbol für ein Markenzeichen (Trademark): ™.

Hoch- und Querformatseiten

Manchmal sind Grafiken oder Tabellen so breit, dass sie nicht mehr ohne Weiteres auf eine normale Seite passen. Das können Sie korrigieren, indem Sie die Seite mit der überbreiten Grafik einfach ins Querformat umwandeln. Mit sogenannten Abschnitten ist das ruck, zuck erledigt.

1 Zum Festlegen eines Abschnitts klicken Sie in Ihrem Dokument zunächst an das Ende der Seite, die *vor* derjenigen liegt, die Sie in ein anderes Format umwandeln möchten.

2 Anschließend holen Sie mit einem Mausklick im Menüband auf den Registerreiter

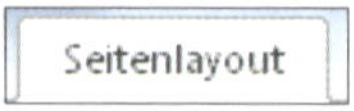

die dazugehörigen Befehle in den Vordergrund, öffnen dann mit einem Klick auf den Pfeil

eine Liste und wählen darin im Bereich „Abschnittsumbrüche“ den Eintrag .

Sollte Word eine überflüssige Leerzeile einfügen, können Sie diese einfach löschen.

3 Klicken Sie als Nächstes an das Ende der Seite, die Sie querstellen wollen, und wiederholen Sie Schritt 2 dieser Anleitung.

4 Sobald der Abschnitt auf diese Weise eingefügt ist, klicken Sie im Menüband auf

und wählen dann per Mausklick den Eintrag

.

Danach erscheint diese Seite im Querformat, und Ihre Grafik kann vollständig angezeigt werden.

Texte ohne Formatierung aus Zwischenablage übernehmen

Wenn Sie Text in ein Word-Dokument kopieren, wird dieser mitsamt seiner Formatierung übernommen. Mitunter stört Sie das jedoch, weil die Formatierungen nicht Ihren Vorstellungen entsprechen. Auch für dieses Problem hält Word eine einfache Lösung bereit.

1 Kopieren Sie zum Beispiel eine Passage von einer Internetseite, **markieren** Sie den gewünschten Text,

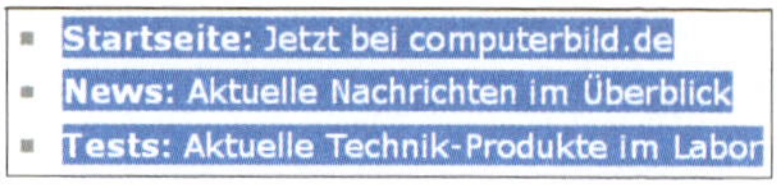

und übernehmen Sie ihn mit der Tastenkombination [Strg] und [C] in die **Zwischenablage**.

2 Klicken Sie anschließend in Ihr Word-Dokument, und drücken Sie die Tastenkombination [Strg] und [V]. Sofort taucht der Text in Ihrem Dokument auf.

- Startseite: Jetzt bei cbspiele.de
- News: Spiele-Nachrichten im Überblick
- Tests: Aktuelle Games im Test
- Tipps & Tricks: Ratgeber für Zocker
- Heft: Die aktuelle COMPUTER BILD SPIELE

3 Falls Sie die vorhandenen Formatierungen nicht übernehmen möchten, markieren und kopieren Sie den Text wie in Schritt 1 gezeigt. Dann klicken Sie aber mit der *rechten* Maustaste an die Stelle Ihres Dokuments, an der der kopierte Text eingefügt werden soll. Daraufhin öffnet sich ein **Kontextmenü**, in dem Sie per Mausklick den Eintrag

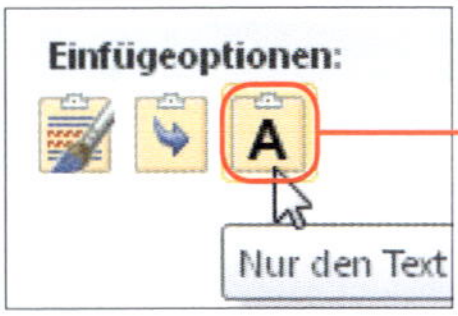

wählen. Sofort wird der Text ohne Formatierung übernommen.

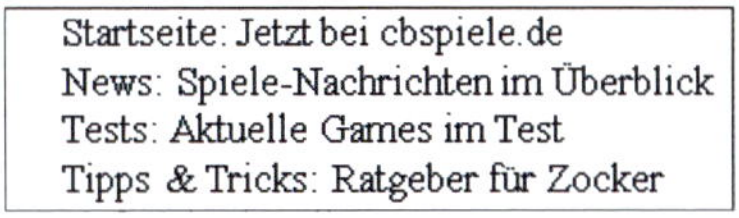

Startseite: Jetzt bei cbspiele.de
News: Spiele-Nachrichten im Überblick
Tests: Aktuelle Games im Test
Tipps & Tricks: Ratgeber für Zocker

4 Alternativ können Sie den Text auch per Tastenkombination unformatiert übernehmen. Dazu wiederholen Sie Schritt 1, klicken dann ebenfalls in Ihr Word-Dokument, drücken danach aber die Tastenkombination [Strg], [Alt] und [V]. Daraufhin öffnet sich ein Fenster, in dem Sie dann per Mausklick den Eintrag

auswählen. Mit einem Klick auf die Schaltfläche

wird der Text ebenfalls ohne Formatierung übernommen.

5 Wenn Sie öfter unformatierten Text übernehmen möchten, können Sie das Programm so einstellen, dass das die Standardoption wird. Klicken Sie dazu als Erstes auf

,

dann auf den Eintrag

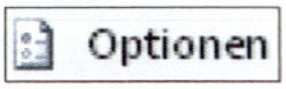

und schließlich auf

.

6 Im Fenster, das daraufhin erscheint, klicken Sie neben dem Eintrag

Einfügen aus anderen Programmen:

auf den nach unten weisenden Pfeil

[Standard] ▾

und wählen aus der aufgeklappten Liste den Eintrag

Nur den Text übernehmen.

Nachdem Sie Ihre Entscheidung mit OK bestätigt haben, werden Übernahmen immer unformatiert eingefügt.

Achtung, Kopierschutz!

Wenn Sie fremde Texte übernehmen, müssen Sie immer daran denken, dass es sich dabei natürlich um fremdes Eigentum handelt. Sie dürfen also nur kleinere Textstellen als Zitate kopieren. Zitate müssen immer als solche gekennzeichnet werden, wobei Sie auch immer die Quelle und den Urheber nennen müssen. Meist setzt sich die Quellenangabe aus dem Namen des Autors, dem Titel seines Beitrags und der Angabe, wo das Geschriebene erschienen ist (Ort, Jahr, Seite) zusammen. Bei Zitaten, deren Text Sie von Internetseiten übernehmen, sollten Sie auch immer die Internetadresse angeben, unter der das Original nachgelesen werden kann. Im Falle unserer Beispielabbildungen ist Text von der Internetseite von COMPUTER BILD zu sehen.

Formatierungen kopieren

Haben Sie einen Absatz komplett nach eigenen Vorstellungen formatiert (also beispielsweise Schriftart, Größe usw. eingestellt), können Sie diese Formatierung mit Word auf einen beliebigen anderen Teil des Textes übertragen.

1 Zur Formatübertragung verwenden Sie einfach ein kleines Pinselsymbol, das dafür bereit steht. Sie finden es nach einem Klick auf

Start

im Menüband. Wollen Sie die Formatierung eines Textteils übertragen, markieren Sie den Textteil oder den Absatz und klicken dann auf dieses Pinselsymbol:

2 Der Mauszeiger verändert daraufhin seine Form und sieht selbst aus wie ein Pinsel:

Jetzt brauchen Sie mit dem Pinsel nur noch bei gedrückter Maustaste über den Textteil zu streichen, auf den Sie die Formatierung übertragen möchten.

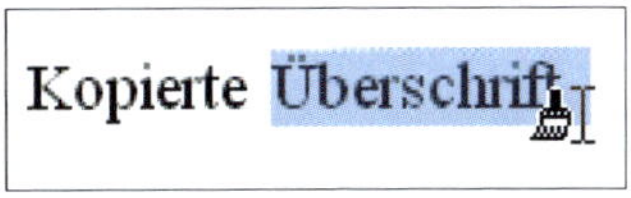

Sowie Sie die Maustaste loslassen, ist der überstrichene Text genauso formatiert wie der Ausgangstextteil.

3 Sie können natürlich auch mehrere Textteile hintereinander mit dem Pinsel formatieren. Dazu markieren Sie wieder den Textteil, dessen Formatierung Sie übertragen wollen. Danach folgt jedoch ein Doppelklick auf das Pinselsymbol. Jetzt können Sie einfach mit dem Pinsel die Textstellen überstreichen, die Sie anpassen möchten.

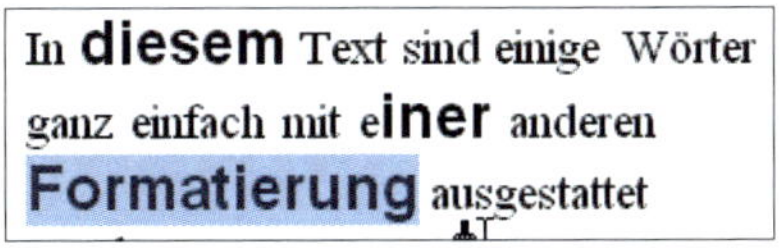

Um anschließend wieder ganz normal weiterzuschreiben, drücken Sie einfach die Strg-Taste.

4 Word speichert jede Formatänderung in der Zwischenablage. Deshalb ist diese Formatierung auch dann noch vorhanden, wenn Sie die Pinselfunktion schon ausgeschaltet haben. Das können Sie sehen, wenn Sie den Text, den Sie formatieren möchten, markieren und die Tastenkombination ⇧, Strg und V drücken: Die Formatierung wird übertragen.

Allerdings bleibt die Formatierung in der Zwischenablage nur erhalten, bis Sie die nächste Formatierung aufnehmen oder die Arbeitssitzung mit Word beenden. Um Formatierungen, die Sie kombiniert haben, dauerhaft zu speichern, nutzen Sie am besten die Formatvorlagen von Word (siehe auch nächstes Kapitel).

4 Dokumente gestalten mit Vorlagen

Ein gut gestaltetes Layout lässt einen Brief beim Öffnen direkt ins Auge springen. Der Vorteil: Ihre Nachricht macht sofort einen guten Eindruck. Die sogenannten Stil-Sets von Word sind ein praktisches Werkzeug, um nach der Texterfassung und Gestaltung rasch noch mal das Aussehen des Dokuments zu ändern. Das Gute daran: Sie brauchen die verwendeten **Formatvorlage**n nicht anzupassen, diese Arbeit übernimmt Word für Sie ganz automatisch.

Wer seine Texte gleich in gut gestaltete Schriftstücke schreiben will, bedient sich am besten der Dokumentvorlagen von Word. Diese Vorlagen, bei denen es für alle Anlässe und Anschreiben passende Layouts gibt, sind nicht nur auf die Dateien beschränkt, die während der **Installation** auf der Festplatte angelegt wurden. Microsoft bietet mit seinen Partnern eine große Palette professioneller Instant-Lösungen im Internet. Mit der Suchfunktion für Dokumentvorlagen finden Sie rasch die passende Vorgabe für perfekte Manuskripte. Und wer trotz allem nicht fündig wird und lieber etwas Eigenes gestalten möchte, der kann ganz einfach auf der Basis seiner Dokumente Vorlagen selbst erstellen.

Eines aber wird durch Words Vorlagen ganz besonders einfach: das Verfassen und Drucken von Serienbriefen. Mit der richtigen Dokumentvorlage und den ruck, zuck erfassten Adressen ist das Schriftstück schon fast fertig. Bleibt nur noch, die statischen Textblöcke zu erfassen, alles zu kontrollieren und dann auszudrucken.

Kapitel-Wegweiser

Instant-Textgestaltung mit Stil-Sets

Rasch soll es meist gehen, wenn Texte gestaltet werden. Schließlich kommt es auf dcn Inhalt an. Mit den fertigen Schnellformatvorlagen von Word ist es kein Problem, so eine Gestaltung im Nachhinein vorzunehmen oder zu ändern.

1 Nachdem Sie den Text erfasst haben, können Sie Absätze mit Formatvorlagen gestalten. Klicken Sie dazu als Erstes einfach in einen Absatz, dem Sie eine Formatvorlage zuweisen möchten - beispielsweise den Titel.

2 Klicken Sie dann im **Menüband** „Start“ im Bereich ● auf den Pfeil ●

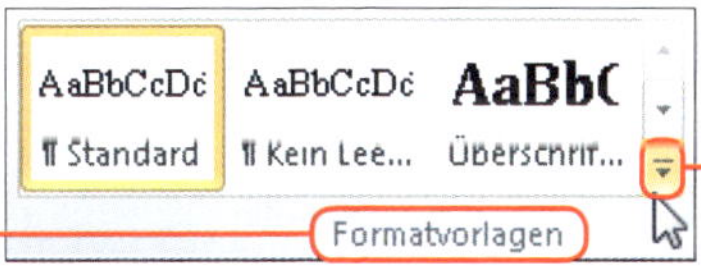

und im geöffneten Auswahlmenü auf ●,

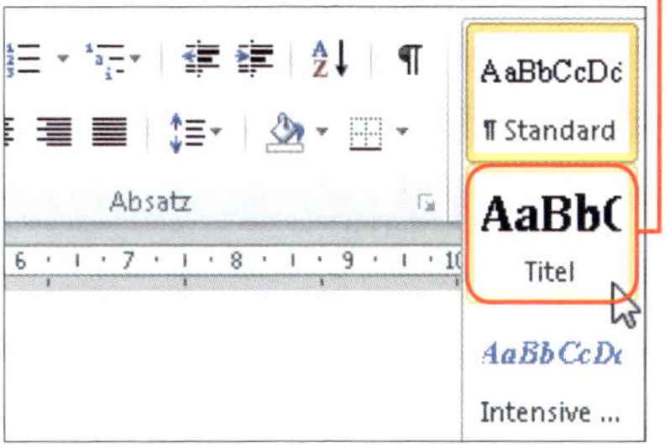

um den Absatz als Titel zu gestalten.

3 Nachdem Sie auf diese Weise den Text mit unterschiedlichen Formatvorlagen gestaltet haben, können Sie das Erscheinungsbild mit Stilvorlagen ganz einfach ändern. Bei den Stilvorlagen handelt es sich um eine Palette von Formatvorlagen, deren Gestaltung aufeinander abgestimmt ist. Da die Namen der Formatvorlagen denen entsprechen, die Sie zur Textgestaltung herangezogen haben, können Sie über die Anwahl eines Stil-Sets das Layout des gesamten Dokuments mit einem Mausklick ändern. Klicken Sie also im Menüband „Start“ auf ● und im erscheinenden Menü auf ●,

damit das Auswahlmenü mit den verschiedenen Stil-Sets geöffnet wird.

4 Während Sie den Mauszeiger über die verschiedenen Stil-Set-Namen führen, beispielsweise ●,

zeigt Ihnen Word direkt im Dokument, wie sich das momentan markierte Stil-Set auf die Gestaltung auswirken würde, im Beispiel also: ●.

Um das Layout entsprechend zu ändern, klicken Sie einfach auf das Stil-Set Ihrer Wahl. Nicht nur der Text ●, sondern auch die Formatvorlagen ● werden daraufhin im gewählten Stil formatiert.

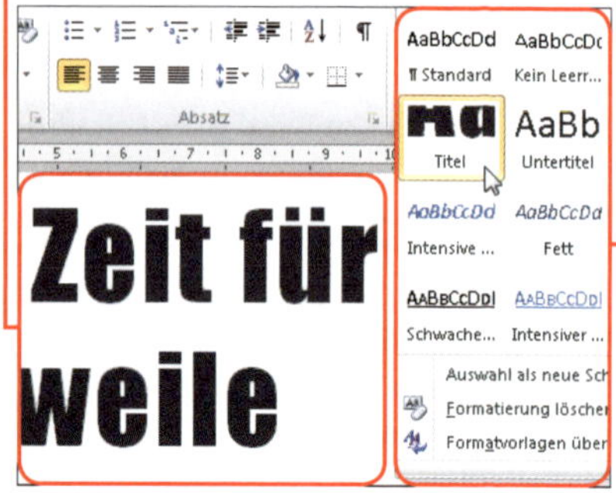

Fertig gestaltete Dokumente für die Texterfassung nutzen

Fertige Dokumentvorlagen haben einen großen Vorteil: Man braucht sich nicht mehr lange um eine ansprechende Seitengestaltung zu kümmern, sondern schreibt den Text direkt ins passende Umfeld. Gut, dass Word 2010 für fast jeden Zweck die Gratisvorlagen mitliefert - von A wie Abrechnung bis Z wie Zeitplan - und Sie diese direkt zum Einsatz bringen können.

1 Klicken Sie im gestarteten Word zunächst auf ●

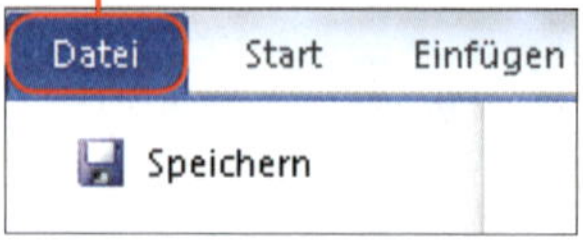

und im dann geöffneten Menü auf den Eintrag ●.

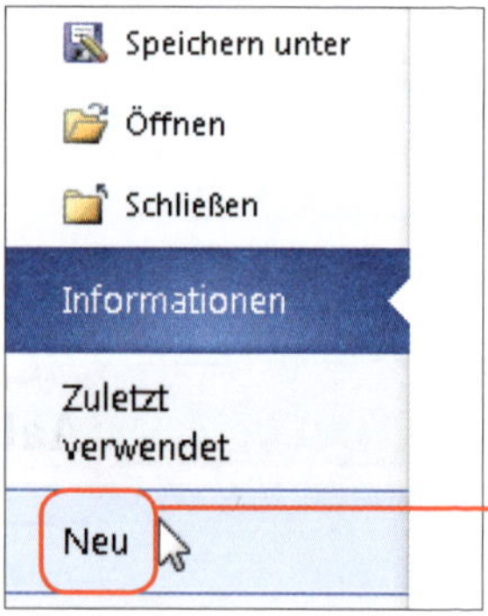

2 Um auf eine der installierten Vorlagen von Word zugreifen zu können,

brauchen Sie jetzt nur noch auf ● zu klicken.

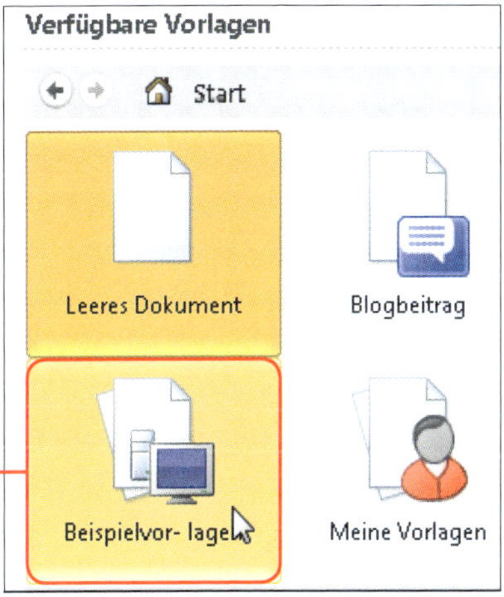

3 Schauen Sie sich die nun erscheinende Liste der Voransichten in Ruhe an.

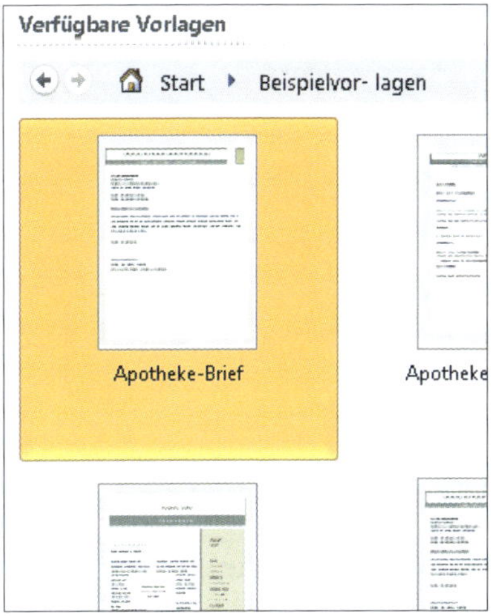

Um eine der Vorlagen vergrößert in Augenschein zu nehmen, **markieren** Sie sie per Mausklick, etwa ●.

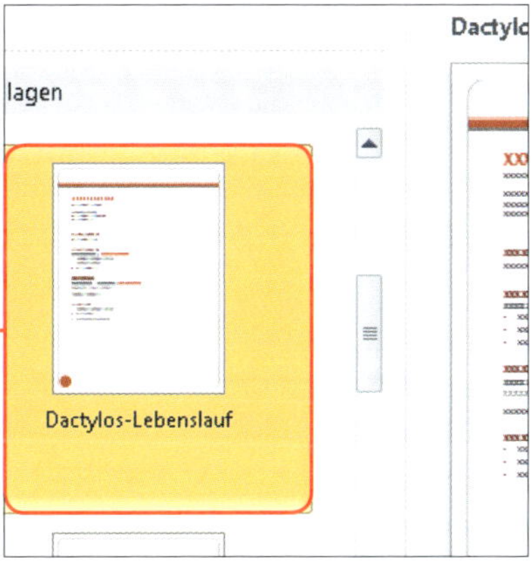

Daraufhin wird sie im rechten Bereich des Fensters größer dargestellt: ●.

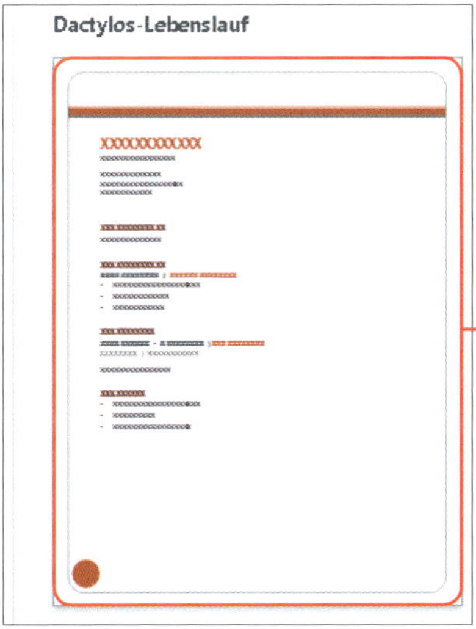

4 Sollte Ihnen keine der Vorlagen gefallen, so kehren Sie mit einem Klick auf das Symbol ●

zur Übersichtsseite zurück. Hier steht Ihnen unter ●, wenn Sie mit dem Internet verbunden sind, eine große Sammlung an Word-Vorlagen zur Verfügung. Per Doppelklick auf einen der Ordner, zum Beispiel ●,

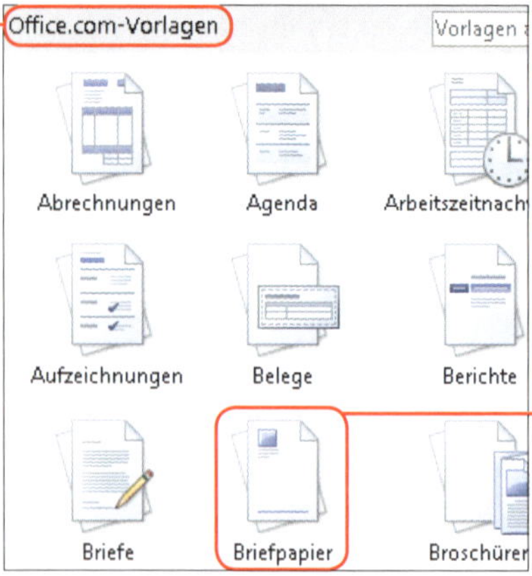

können Sie die Vorlagendateien darin in Augenschein nehmen.

5 Allerdings ist es oft schwer, in der Masse der Vorlagen das gefragte Layout zu finden. Der Trick: Klicken Sie in das Suchfeld ●,

um sich eine passende Auswahl präsentieren zu lassen. Geben Sie einfach als Begriff das Thema ein, zu dem Sie eine Vorlage suchen, beispielsweise ●, und klicken Sie anschließend auf ●.

Schon zeigt die Übersicht geeignete Vorlagendateien an.

6 Markieren Sie die Dokumentvorlage, die Sie verwenden möchten, per Mausklick, im Beispiel ●, kontrollieren Sie Ihre Entscheidung noch einmal in der vergrößerten Voransicht ●,

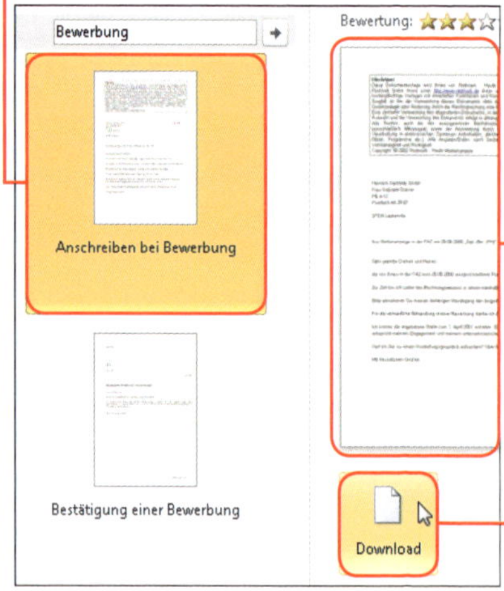

und laden Sie sie dann mit einem Mausklick auf ● auf Ihren Computer.

7 Nachdem die Datei aus dem Internet überspielt wurde, öffnet sie sich automatisch in Word. Dokumentvorlagen, die nicht von Microsoft erstellt wurden, auf der Office-Internetseite aber zur Verfügung gestellt werden, haben bisweilen einen Urhebernachweis, den Sie durchlesen sollten. Selbstverständlich können Sie diese Copyright-Notiz entfernen, wenn Sie ein Dokument auf der Basis dieser Vorlage erstellen möchten. Zum Markieren klicken Sie die erste Zeile der Passage von links an, halten die Maustaste gedrückt und ziehen die Maus mit weiterhin gedrückter Taste bis unter den letzten Absatz der Urhebernotiz, etwa.

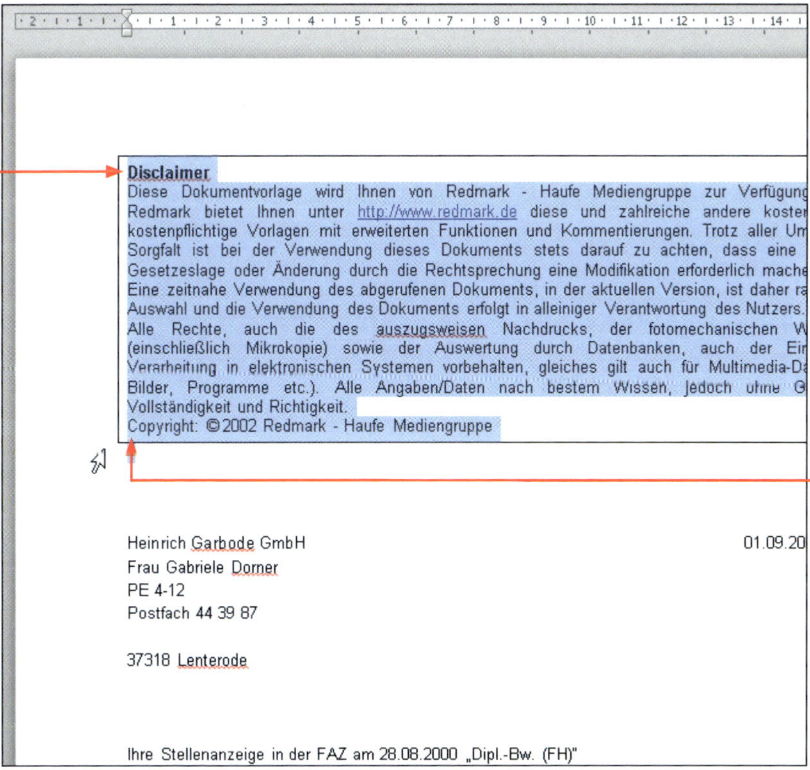

Hier geben Sie die Maustaste frei und drücken die Entf-Taste, um die markierte Passage zu löschen. Nun können Sie den Beispieltext der Dokumentvorlage – Adresse, Betreffzeile und andere Inhalte – bearbeiten, also löschen, durch eigene Eingaben ersetzen, ergänzen und dann alles wie gewohnt als Dokument speichern.

Aus einem Dokument eine Dokumentvorlage machen

Sie sind nicht auf die Vorlagen von Word angewiesen, sondern können sich auch ganz einfach eigene Dokumentvorlagen erstellen. Dies geht am einfachsten, wenn Sie ein schon bestehendes Dokument zur Grundlage nehmen.

1 Öffnen Sie das Dokument, auf dem die Vorlage basieren soll - beispielsweise einen Lieferschein - in Word.

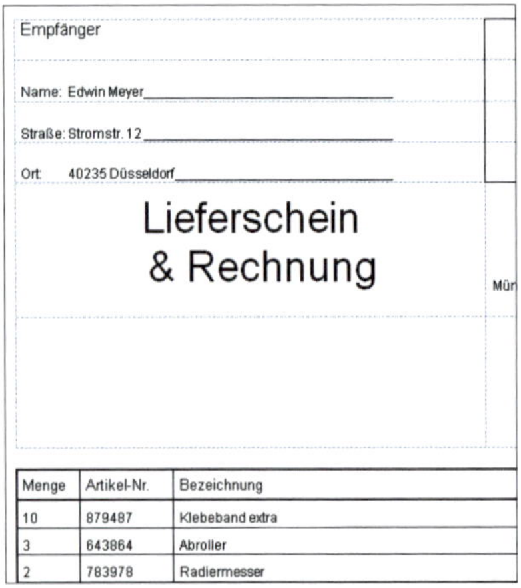

Passen Sie den Text so an, dass er möglichst für viele Fälle allgemein als Dokumentvorlage dienen kann.

2 Aus einem bestehenden Lieferschein lässt sich so beispielsweise eine Vorlage für weitere Lieferscheine gestalten. Löschen Sie einfach alle Einträge bis auf einen Posten, der Ihnen später als Beispiel für die Eingabe dienen kann.

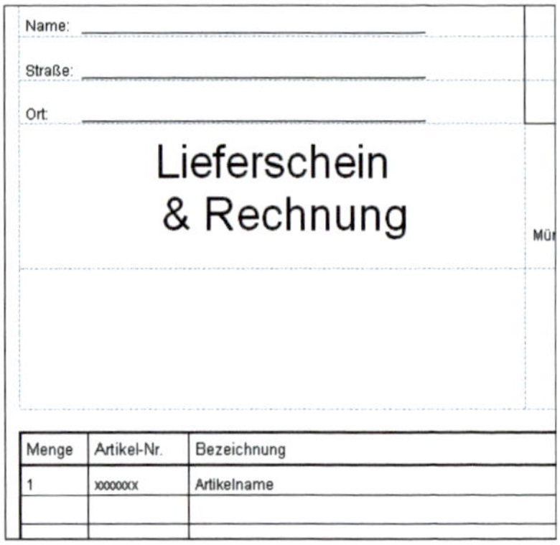

3 Anschließend speichern Sie das Dokument als Vorlage, indem Sie zuerst auf ● und danach im Menü auf ● klicken.

4 Anders als in früheren Word-Versionen wird der Speicherordner für Vorlagen nicht mehr automatisch eingestellt, sondern Sie müssen den richtigen

Ordner selbst vorgeben. Als Standard ist dies der Ordner:

C:\Users\Name\AppData\Roaming\Microsoft\Templates

Geben Sie ihn genau so ein. Hierbei ersetzen Sie *Name* durch den Namen des aktiven Benutzerkontos, mit dem Sie momentan bei Windows angemeldet sind. (Wie Sie den Pfad des Vorlagenordners genau in Erfahrung bringen, zeigt der Trick auf Seite 46.) Ein Weg, den richtigen Ordner zu öffnen, besteht darin, den Ordnerpfad im Dialogfenster in die Adresszeile einzugeben, im Beispiel ●,

und dann auf ● zu klicken.

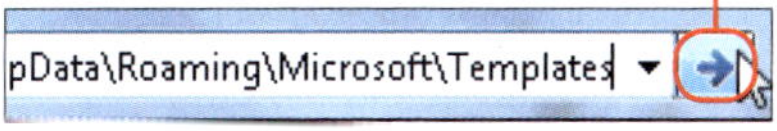

5 Klicken Sie nun ins Feld für den Dateinamen, und geben Sie der Dokumentvorlage einen möglichst aussagestarken Namen, im Beispiel ●.

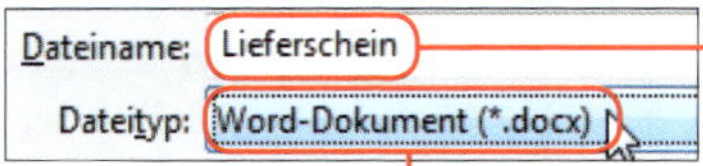

Danach klicken Sie erst auf ● und anschließend in der aufklappenden Dateitypliste auf ●.

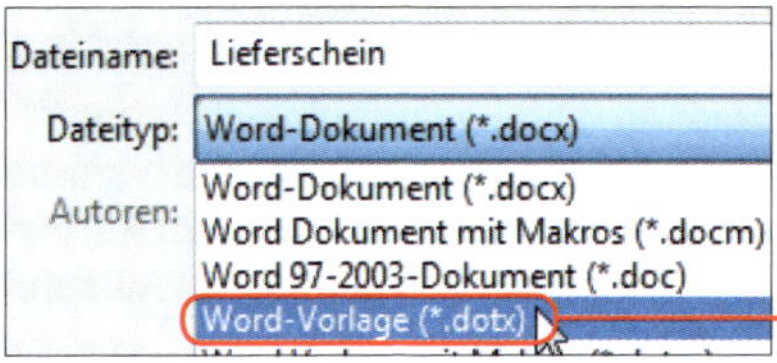

6 Achten Sie darauf, dass das Kontrollkästchen ●

mit einem Häkchen markiert ist, damit später eine Vorschau angezeigt wird. Mit einem Mausklick auf

speichern Sie dann die Vorlage.

7 Um die Dokumentvorlage später zu verwenden, klicken Sie als Erstes auf „Datei", dann auf den Eintrag ●

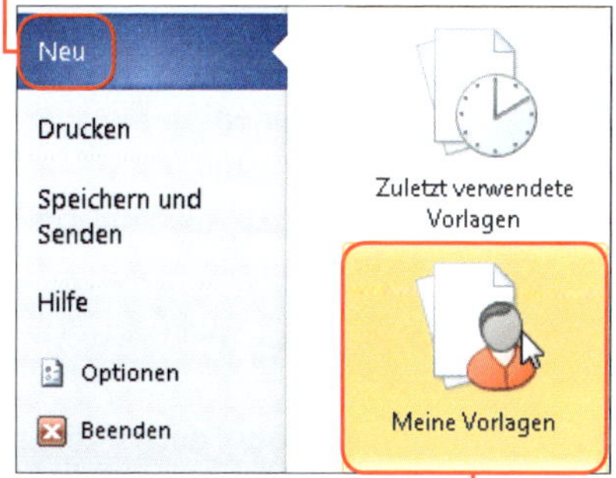

und schließlich auf ●. Nun können Sie im Dialogfenster die selbst angelegte Vorlage, hier ●, mit einem Doppelklick für ein neues Dokument öffnen.

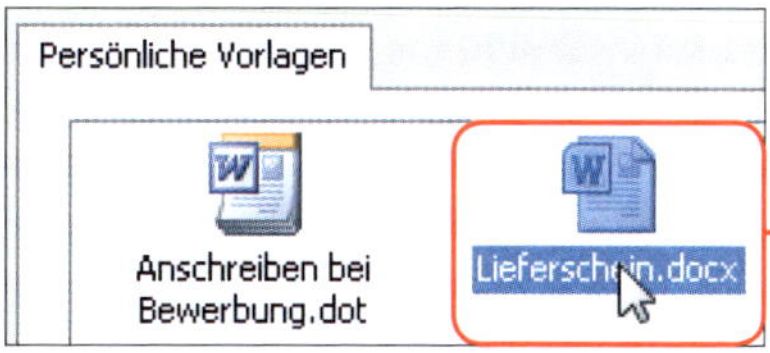

Pfad und Namen von Standardordnern ermitteln

Oft ist es wichtig zu wissen, in welchen Standardordnern Word Dateien speichert. So können Sie beispielsweise die AutoWiederherstellen-Dateien finden. Besonders wichtig aber ist es, den **Pfad** zum Vorlagenordner zu kennen, denn in ihm müssen Sie Ihre eigenen Dokumentvorlagen speichern. So bringen Sie den Speicherplatz in Erfahrung:

1 Klicken Sie im Menüband als Erstes auf den Eintrag

und im geöffneten Menü auf

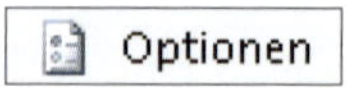

.

2 Im Dialogfenster, das anschließend erscheint, klicken Sie auf

,

bewegen den Inhalt des Fensters über die **Bildlaufleiste** und klicken dann unten im Fenster auf

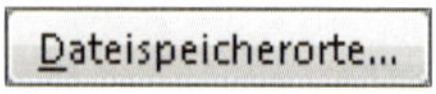

.

3 Im Fenster, das als Nächstes geöffnet wird, erscheinen die Pfade zu den Ordnern der verschiedenen Dateitypen. Um den genauen Dateispeicherort in Erfahrung zu bringen, markieren Sie mit einem Mausklick den Eintrag in der Liste, beispielsweise für den Ordner der persönlichen Dokumentvorlagen ●,

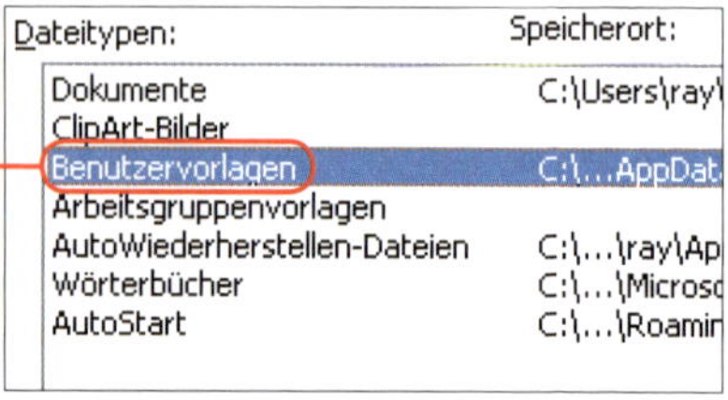

und klicken auf die Schaltfläche ●.

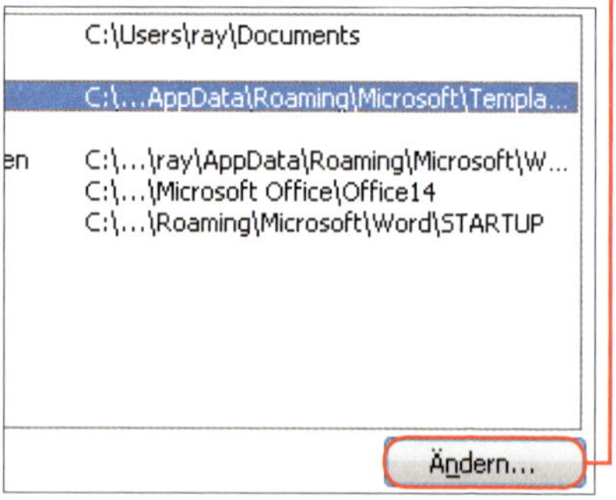

4 Anschließend markieren Sie mit einem Mausklick den Inhalt der Adresszeile ●,

der nun die genaue Pfadangabe des Speicherorts zeigt. Übrigens können Sie den Pfad mit dem Tastenschlüssel [Strg] und [C] kopieren und später mit [Strg] und [V] an anderer Stelle - beispielsweise im Adressfeld des **Explorer-Fensters** - wieder einfügen.

5 In dem betreffenden Fenster können Sie - wie der Name des Dialogfensters schon besagt - auch den „Speicherort ändern". Dies aber ist meist nicht nötig, nachdem Sie nun ja den aktuellen Speicherort in Erfahrung gebracht haben und darauf zugreifen können. Schließen Sie die noch geöffneten Dialogfenster mit je einem Mausklick auf

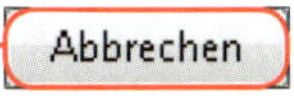

, dann auf

, und zuletzt wieder auf

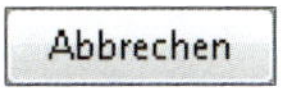

.

Serienbriefe mit Vorlage schreiben

Schnell und einfach vielen Empfängern die gleiche Information zukommen zu lassen, muss nicht kompliziert sein. Die einfachste Art, einen Serienbrief zu verfassen, bietet Word mit seinen Serienbriefvorlagen.

1 Um Zugriff auf die entsprechenden Vorlagen zu bekommen, klicken Sie zunächst auf

und dann auf den Eintrag

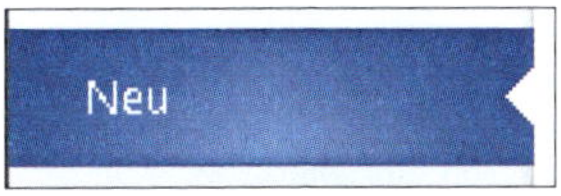

.

Geben Sie anschließend ins Suchen-Feld den Begriff ein, und bestätigen Sie Ihren Wunsch mit einem Klick auf .

2 Daraufhin werden zahlreiche Serienbriefvorlagen aufgelistet. Laden Sie per Doppelklick auf eine der Vorlagen den Serienbrief zur Bearbeitung, im Beispiel .

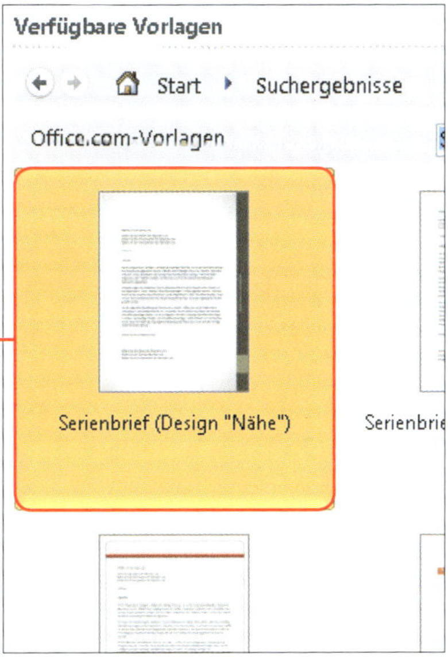

3 Nun können Sie Schritt für Schritt die Platzhalter ausfüllen. Klicken Sie dazu auf die Platzhalterfelder, die in eckige Klammern gesetzt sind. Sie erscheinen grau hervorgehoben, sobald Sie den Mauszeiger darüber führen.

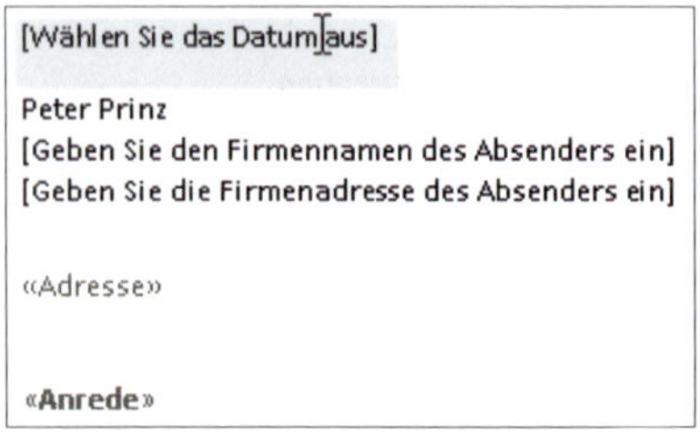

4 Wenn Sie mit der Maus nicht nur darauf zeigen, sondern dann klicken, wird das ganze Feld markiert. Je nach Feld haben Sie anschließend die Möglichkeit, beispielsweise einen „Öffnungspfeil" ●

anzuklicken und ein Datum per Mausklick auszuwählen oder den vorgegebenen Text des Platzhalters einfach mit eigenen Formulierungen zu überschreiben.

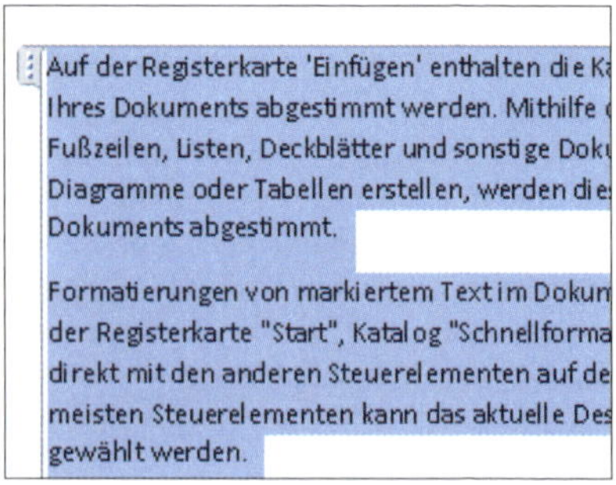

5 Felder wie Adresse und Anrede werden später beim Seriendruck automatisch durch wechselnde Eingaben ersetzt. Die Vorgaben für diese Variablen können Sie direkt vom Dokument aus erfassen. Klicken Sie hierfür als Erstes auf ●.

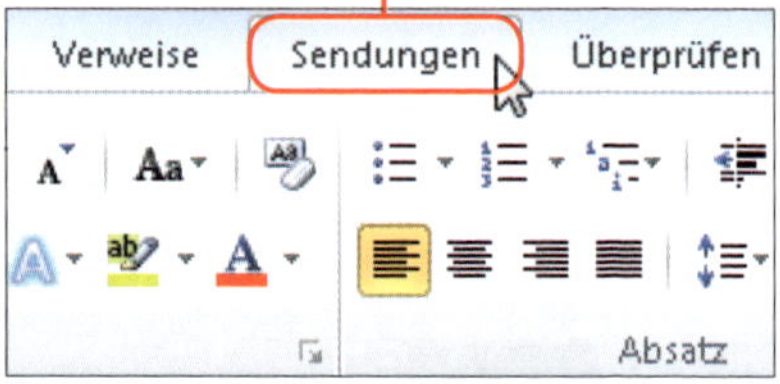

Öffnen Sie dann mit einem Mausklick das Feld ●, und wählen Sie aus der Liste den Befehl ●.

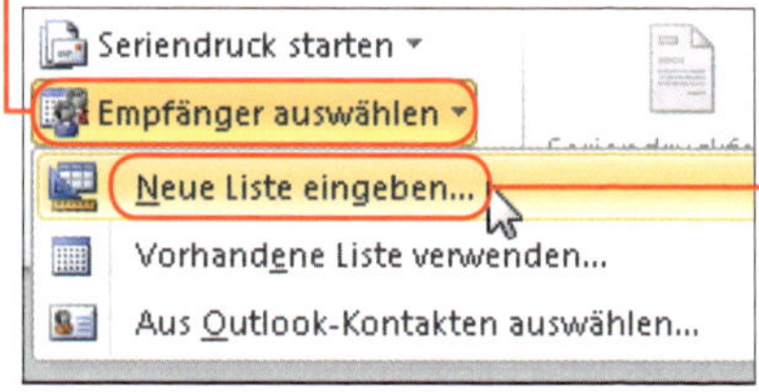

6 Füllen Sie nun die Tabelle, die im Dialogfenster angezeigt wird, mit den

Adressen der Empfänger aus. Dabei springen Sie mit der [⇄]-Taste von Zelle zu Zelle. Geben Sie in der ersten Zelle mit ● oder ● an,

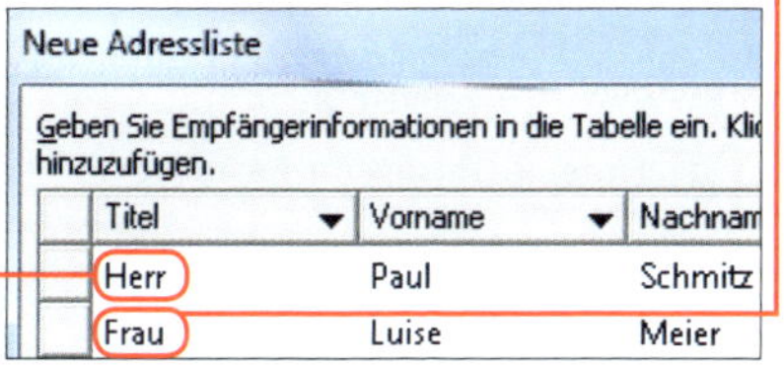

ob der Adressat weiblich oder männlich ist, damit Word automatisch die passende Anrede wählen kann.

7 Nachdem Sie die Adressen erfasst haben, speichern Sie die Liste mit

.

Wechseln Sie in den Ordner, in dem Sie die Adressen speichern möchten, etwa ●, geben Sie der Adressliste einen Dateinamen, beispielsweise ●,

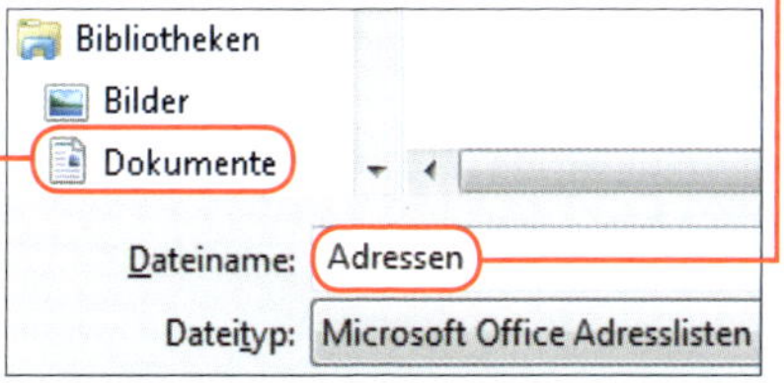

und klicken Sie abschließend auf

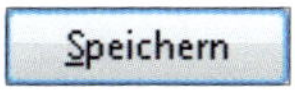

.

8 Wechseln Sie jetzt wieder zu dem Serienbriefdokument. Dazu brauchen Sie in Windows 7 nach einem Klick auf das Taskleistensymbol ● von Word nur die Miniaturansicht des Dokuments ● anzuklicken.

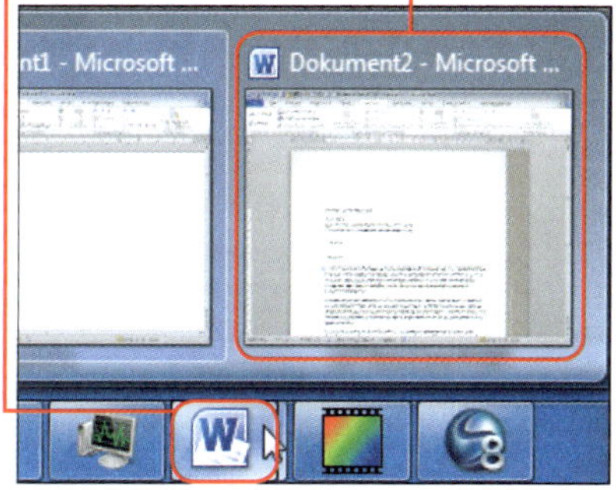

9 Als Nächstes klicken Sie wieder im Menüband

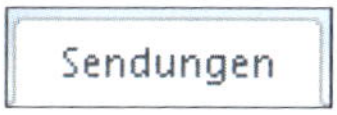

auf den Eintrag ● und im dann aufklappenden Menü auf den Befehl ●.

10 Wechseln Sie danach in den Ordner, in dem Sie die Adressliste zuvor gespeichert haben, markieren Sie die Datei mit einem Mausklick, hier ●,

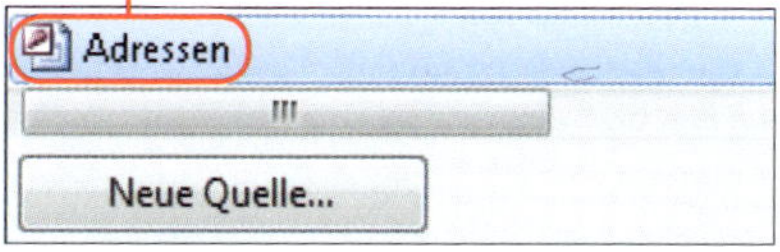

und klicken Sie auf die Schaltfläche .

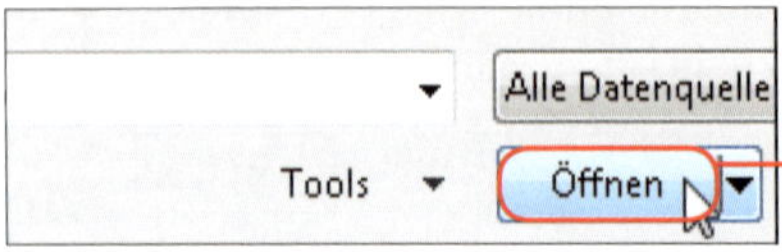

11 Um zu kontrollieren, ob die Serienbriefe korrekt erstellt werden, klicken Sie im Menüband auf das Symbol . Mit Mausklicks auf die Navigationspfeile

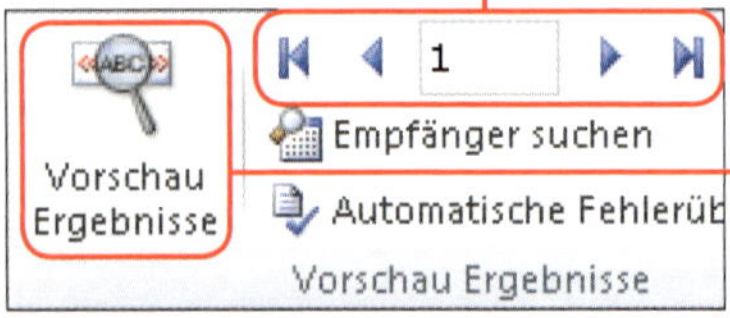

können Sie sich direkt im Dokument anzeigen lassen, ob die einzelnen Ersetzungen richtig sind.

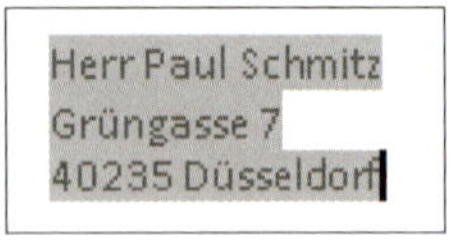

12 Zum Ausdrucken der so adressierten Serienbriefe klicken Sie im Menüband als Erstes auf und anschließend auf den Eintrag .

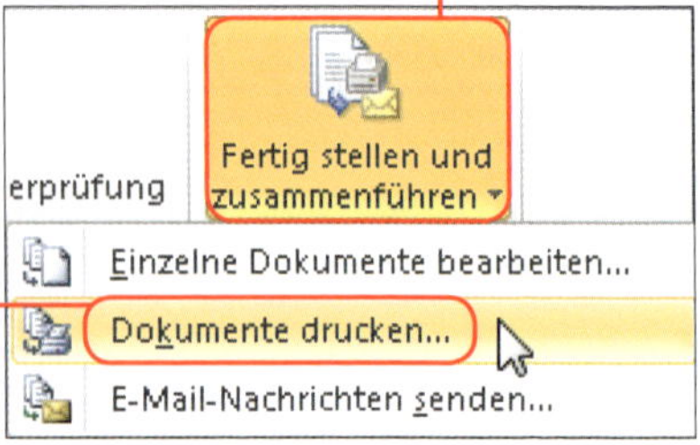

Danach müssen Sie im Dialogfenster nur noch auf

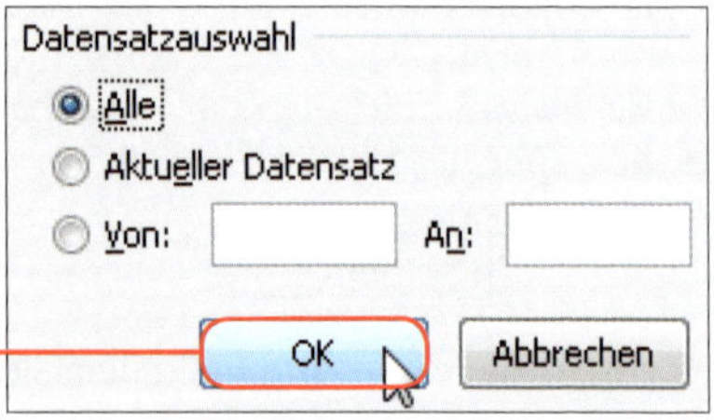

klicken und dann wie gewohnt den Druckauftrag mit

bestätigen, um die Dokumente zum Drucker zu senden.

5 Dokumente mit Bildern und Grafiken illustrieren

Reine Textdokumente machen es dem Leser mitunter schwer, konzentriert am Ball zu bleiben. Wie gut, dass Ihnen Word die Möglichkeit gibt, beliebige Grafiken und Bilder in ein Dokument einzufügen und diese ganz nach Wunsch zu platzieren. Und da Word sehr dynamisch ist, können Sie zudem festlegen, dass Ihr Bild seinen Platz auf der Dokumentseite nicht verlässt, auch wenn Sie weiterschreiben. Darüber hinaus lässt sich Text sogar ohne Probleme an die Konturen Ihres Bildes anpassen. Weiterhin können Sie eingefügte Bilder als Wasserzeichen verwenden. Mit welchen Tricks dies alles blitzschnell funktioniert, lesen Sie in diesem Kapitel.

Doch das ist noch längst nicht alles: Um Platz zu sparen, können Sie Bilder auch nur mit Ihrem Word-Dokument verknüpfen oder einfach die Bildgröße ändern. Natürlich ist es ebenfalls möglich, Bilder aus einem Dokument zu extrahieren, damit sich diese in anderen Programmen weiterverwenden lassen. Praktisch ist zudem, dass Sie alle Bilder in einem Rutsch extrahieren und in einem eigenen Ordner zur Weiterverwendung speichern können. Vielleicht wollen Sie aber auch ein Bildschirmfoto direkt in ein Dokument übernehmen und wissen nicht so recht, wie's geht. Auf Seite 62 wird Ihnen gezeigt, wie es klappt.

Kapitel-Wegweiser

Bilder mit Dokument verknüpfen

Mit Grafiken und Bildern lassen sich Texte häufig aufwerten. Da Abbildungen allerdings sehr datenintensiv sind, belasten sie die Textverarbeitung unverhältnismäßig stark. Sie brauchen aber keine Sorgen zu haben, dass bebilderte Dokumente zu groß und unhandlich werden. Um das zu verhindern, wenden Sie den folgenden Trick an:

1 Zunächst mal wählen Sie das Bild aus, das Sie in Ihren Text integrieren möchten. Klicken Sie dazu im **Menüband** zuerst auf den Registerreiter

und dann auf den Eintrag

.

Nun können Sie das gewünschte Bild per Mausklick auswählen.

2 Jetzt dürfen Sie das Bild aber nicht wie gewohnt einfach einfügen! Klicken Sie stattdessen neben der entsprechenden Schaltfläche auf den Pfeil ●,

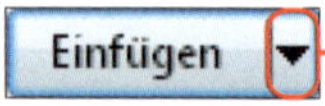

und wählen Sie dann im aufgeklappten Menü per Mausklick den Befehl

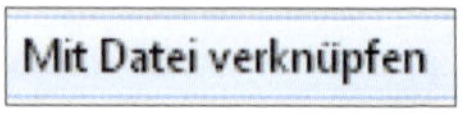

.

Daraufhin erscheint das ausgewählte Bild wie gewohnt in Ihrem Text.

3 Sobald Sie Ihr Word-Dokument nun aber speichern, wird das Bild nicht mit gespeichert – sondern lediglich ein Verweis auf das eingefügte Bild. Wichtig: Sie dürfen das Bild nicht aus dem Ordner entfernen, aus dem Sie es geladen haben, denn sonst würde Word es nicht finden. In einem solchen Fall erhalten Sie beim nächsten Aufruf anstelle des Bildes nur den Hinweis ●.

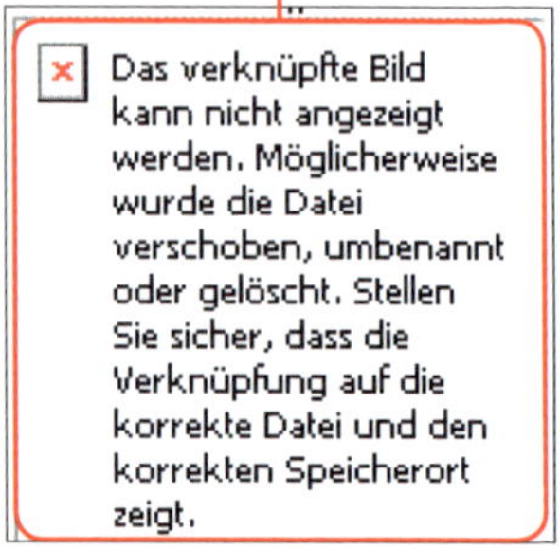

4 Um die Bilder auch dabei zu haben, wenn Sie sie verschieben oder die Word-Datei weitergeben wollen, speichern Sie die Bilder einfach in dem Ordner, in dem sich auch das Word-Dokument befindet. Und erst anschließend, nachdem Sie die Bilder im entsprechenden Ordner abgelegt haben, verknüpfen Sie sie mit dem Word-Dokument. Dann können Sie den Text und die Bilder zusammen weitergeben, da Word die Bilder, die im gleichen Ordner liegen wie der Text, ohne Schwierigkeiten findet.

Bildgröße ändern

Meist ist ein Bild zu groß oder zu klein, um passend in einen Text eingefügt zu werden. Um die Größe eines eingefügten Bildes zu ändern, benötigen Sie zum Glück kein Grafikprogramm. Überlassen Sie die Arbeit einfach Word:

1 Haben Sie ein Bild in ein Word-Dokument eingefügt, müssen Sie es vor der Größenveränderung erst per Mausklick **markieren**. Daraufhin erscheinen am Bildrand sogenannte Anfasser: ●. Führen Sie den Mauszeiger über einen der seitlichen Anfasser, etwa ●,

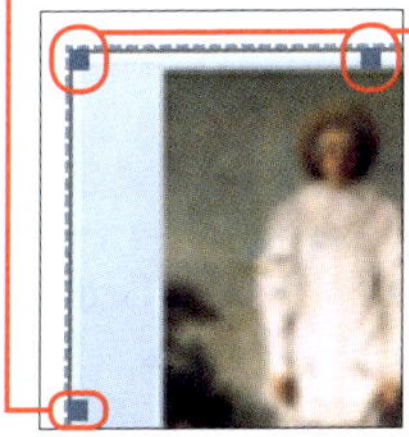

und halten die Maustaste gedrückt, so verwandelt sich das Symbol in einen Doppelpfeil:

Nun können Sie das Bild verkleinern, indem Sie den Mauszeiger mit weiterhin gedrückter Maustaste in Richtung Bildmitte ziehen. Um es hingegen zu vergrößern, ziehen Sie einfach in die entgegengesetzte Richtung. Allerdings werden die Proportionen des Bildes hierbei verändert, das heißt, die Abbildung wird gestaucht oder gestreckt. Das ist meistens unerwünscht und lässt sich vermeiden.

2 Wenn Sie die Proportionen des Bildes beibehalten wollen, führen Sie die Maus über eine der Ecken des markierten Bildes. Hier verwandelt sich der Mauszeiger in einen schrägen Doppelpfeil:

Klicken Sie nun den Anfasser an, und halten Sie die Maustaste beim Ziehen gedrückt. Jetzt können Sie das Bild vergrößern oder verkleinern, ohne dass sich die Proportionen verändern.

3 Wollen Sie ein bestimmtes Maß für Ihr Bild festlegen, ist auch das kein Problem. Sie markieren das Bild per Mausklick mit der *rechten* Maustaste und öffnen so das **Kontextmenü**, über dem sich zwei Felder mit den aktuellen Maßen der Grafik befinden.

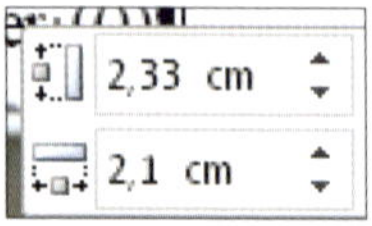

Wenn das Bild nun beispielsweise vier Zentimeter hoch sein soll, geben Sie den gewünschten Wert einfach ein. Dazu markieren Sie das Feld wie üblich per Mausklick und tragen den Wert per Tastatur ein.

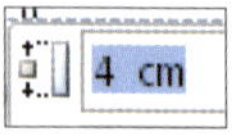

Damit auch bei dieser Größenänderung die Proportionen erhalten bleiben, errechnet Word den Wert für die Breite des Bildes jetzt automatisch.

Text umfließt Bilder

Durch das Layout in Zeitungen und Magazinen hat man sich mittlerweile daran gewöhnt: Wenn Text die Konturen einer Grafik genau umfließt, sieht das besonders professionell aus. Auch Word 2010 bietet Ihnen die Möglichkeit, ein Bild so zu bearbeiten, dass der Text ganz gefällig drum herum fließt. Und so einfach geht's:

1 Markieren Sie das wie gewohnt eingefügte Bild mit einem *rechten* Mausklick,

und klicken Sie im daraufhin geöffneten Kontextmenü erst auf den Eintrag ● und anschließend im geöffneten Untermenü auf das Symbol ●.

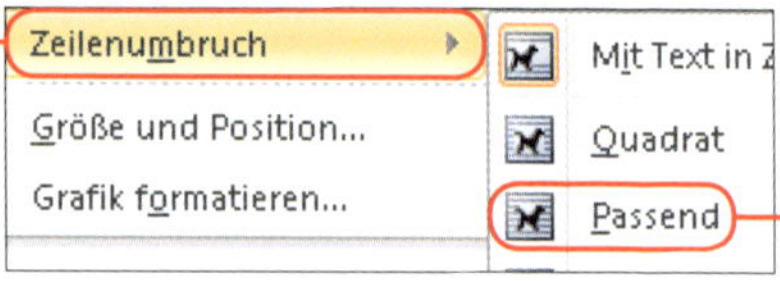

Schon wird der Text um das Bild herumgeführt. Das sieht dann beispielsweise so aus:

2 Um den Textumfluss genauer an die Grafik anzupassen, klicken Sie die Grafik noch einmal mit der *rechten* Maustaste an und wählen dann im auf-

klappenden Kontextmenü erst

und anschließend

.

3 Nun tauchen rund um die Grafik Punkte und Linien auf, die Sie mit gedrückter Maustaste ziehen können, um so den Abstand zu steuern, den der Text von der Abbildung halten soll.

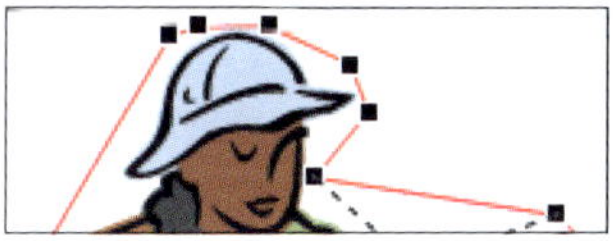

Bild als Wasserzeichen

Ein Wasserzeichen ist eine Grafik, die in das Schreib- oder Druckerpapier integriert ist. Meist findet es sich in höherwertigem Papier oder in extra angefertigten Papieren. Es gibt allerdings auch eine ganz preiswerte Art des Wasserzeichens: Lassen Sie Word doch einfach eine Grafik ganz blass auf jede Seite drucken.

1 Um ein Bildwasserzeichen einzufügen, klicken Sie als Erstes im Menüband auf den Registerreiter

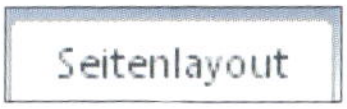

,

danach auf den Eintrag

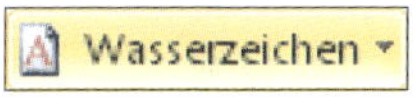

und anschließend auf

.

2 Im Fenster, das daraufhin erscheint, klicken Sie vor dem entsprechenden Eintrag in den Kreis,

sodass darin ein Punkt erscheint: .

Damit ein ausgewähltes Bild auch ähnlich blass wie ein echtes Wasserzeichen aussieht, achten Sie darauf, dass hier

das Häkchen gesetzt ist. Ansonsten holen Sie dies einfach per Mausklick auf den Eintrag nach.

3 Nachdem Sie alle erforderlichen Einstellungen vorgenommen haben, klicken Sie auf die Schaltfläche

.

Daraufhin wird Ihr Bilderordner geöffnet. Markieren Sie hier per Mausklick das Bild, das Sie als Wasserzeichen verwenden möchten, im Beispiel ●,

und bestätigen Sie Ihre Wahl mit einem Klick auf die Schaltfläche ●.

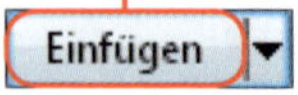

4 Nun wechseln Sie automatisch mit dem Eintrag für das ausgewählte Bild in das vorherige Fenster. Klicken Sie dort zunächst auf die Schaltfläche

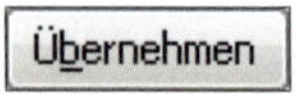

und anschließend auf

.

Dann sehen Sie, dass das ausgewählte Wasserzeichen ganz blass auf der Seite erscheint.

Bildposition festlegen

Jedes Bild in Word wird mit dem Absatz verknüpft, in dem Sie es eingefügt haben. Falls Sie also den Absatz verschieben oder weiteren Text hinzuschreiben, wandert das Bild entsprechend mit. Es gibt aber auch Fälle, in denen Sie ein Bild fest auf der Seite positionieren wollen. Mit folgendem Trick ist auch das möglich:

1 Fügen Sie ein Bild an der gewünschten Stelle im Dokument ein, an der es fixiert werden soll. Klicken Sie es dann mit der *rechten* Maustaste an, und wählen Sie im aufklappenden Kontextmenü den Eintrag

.

2 Als Nächstes klicken Sie auf den Registerreiter

und im daraufhin geöffneten Einstellungsfenster auf das Symbol

.

3 Es folgt ein Mausklick auf ●.

Damit das Bild in der Mitte der Seite zentriert wird, setzen Sie per Klick einen Punkt in das Optionsfeld ●,

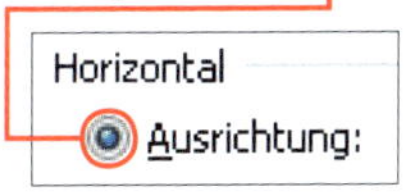

öffnen dann mit einem weiteren Mausklick auf ● die nebenstehenden Liste und wählen darin ●.

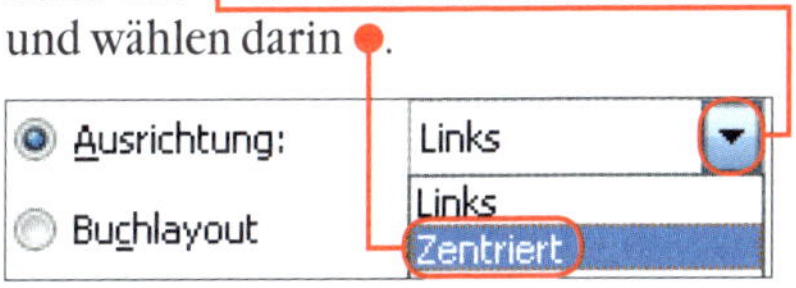

4 Damit das Bild auch in der vertikalen Seitenmitte steht und dort auch bei Textveränderungen bleibt, setzen Sie zusätzlich in den Kreis ●

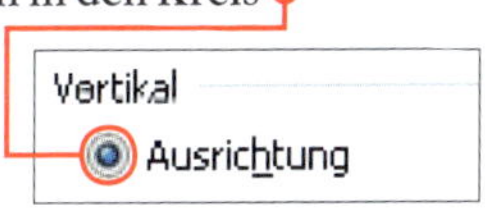

einen Punkt und klicken anschließend auf ● sowie auf ●.

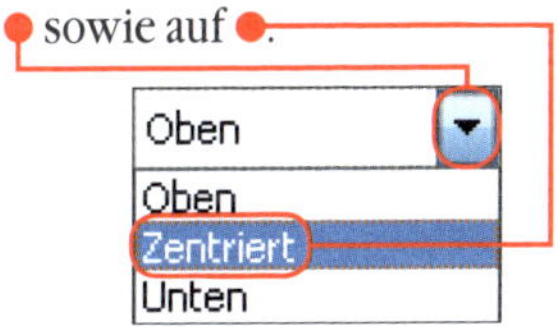

5 Bestätigen Sie Ihre Einstellung dann mit

.

Danach ist Ihr Bild in der Mitte der Seite verankert und wird vom Text umflossen.

Auch wenn Sie jetzt vor und neben dem Bild weiterschreiben, bleibt Ihr Bild immer in der Mitte stehen.

6 Haben Sie ein Bild wie in den Schritten 1 bis 3 formatiert, ist es auf der Mitte der Seite fixiert. Sie können es nun aber nachträglich auch an jeder Stelle der Seite positionieren. Dazu klicken Sie das Bild an und halten die Maustaste gedrückt. Dann können Sie das Bild an eine andere Position auf der Seite ziehen. Sobald Sie die Maustaste loslassen, wird das Bild genau an der Stelle platziert, und der Text wird einfach um das Bild herumgeführt.

Bilder aus Word in ein anderes Programm übertragen

Wenn Sie ein Bild aus Word in anderen Programmen verwenden möchten, geht dies ganz schnell. Die einfachste Vorgehensweise besteht darin, das Bild in ein Grafikprogramm wie Paint zu übertragen. Denn dieses gehört zum Lieferumfang von Windows und steht Ihnen daher direkt zur Verfügung.

1 Um das Programm Paint zu starten, klicken Sie als Erstes auf das Start-Symbol von Windows.

Dann geben Sie den Namen des Programms per Tastatur in das Suchfeld von Windows ein

und klicken in der aufklappenden Liste auf

.

2 Um das Bild jetzt zu kopieren, wechseln Sie wieder zu Word und klicken im Dokument das gewünschte Bild mit der *rechten* Maustaste an. Wählen Sie dann im erscheinenden Kontextmenü per Mausklick den Befehl ●.

3 Anschließend wechseln Sie wieder zu Paint und klicken in der Symbolleiste einfach auf den Eintrag

.

Daraufhin wird Ihr Bild eingefügt und angezeigt.

Sie haben nun die Möglichkeit, das Bild zu bearbeiten und separat zu speichern, um es später noch einmal zu verwenden.

Alle Bilder eines Dokuments extrahieren

Mitunter wollen Sie alle Bilder eines Word-Dokuments auch für andere Programme zur Verfügung haben. Sollte es sich dabei um sehr viele Bilder handeln, kann es sehr aufwendig werden, diese einzeln zu kopieren. Word bietet Ihnen für dieses Problem aber eine elegante Lösung:

1 Damit alle Bilder eines Word-Dokuments auf einmal herausgetrennt werden, speichern Sie Ihr Dokument einfach als Internetseite. Dazu klicken Sie auf den Registerreiter

und wählen per Mausklick den Befehl

.

2 Im nachfolgenden Fenster klicken Sie neben dem Eintrag für den Dateityp zunächst auf den nach unten weisenden Pfeil ●

und dann in der aufgeklappten Liste auf den Eintrag

.

Zur Bestätigung genügt ein Mausklick auf die Schaltfläche

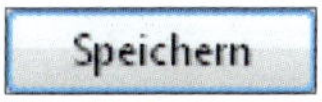

.

Daraufhin wird Ihr Dokument als Internetseite gespeichert.

3 Das Praktische: Die mit Ihrem Dokument verknüpften Bilder speichert Word in einem eigenen Ordner am Speicherort Ihres Dokuments. Word benennt den Bilderordner genauso wie Ihr Word-Dokument, ergänzt nur den Zusatz „Dateien" ●.

In diesem Ordner finden Sie künftig alle Bilder Ihres Word-Dokumentes.

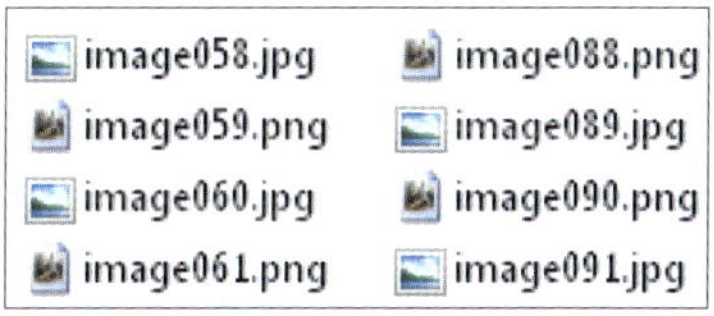

Diese können Sie zum Beispiel mit Paint weiterbearbeiten oder auch in andere Dokumente einfügen.

SmartArt-Diagramme einfügen

Um Texte aufzulockern, gibt es noch mehr Möglichkeiten. So lassen sich in Word-Dokumenten mit wenigen Mausklicks sogenannte SmartArt-Diagramme erstellen. Dabei handelt es sich um kleine, fertige Diagramme, die Sie nur noch individuell mit Bildern und Texten versehen müssen.

Achtung: Wenn Sie Ihren Text als Word-2003-Dokument, also im Kompatibilitätsmodus gespeichert haben, sind die Möglichkeiten der SmartArts stark eingeschränkt. Daher sollten Sie bei der Arbeit mit SmartArts darauf achten, dass Sie Ihre Texte nicht im Kompatibilitätsmodus (Word 97-2003-Dokument), sondern als Word-Dokument im Format der Versionen Word 2007 oder 2010 speichern.

1 Um ein SmartArt-Diagramm einzufügen, klicken Sie im Dokument zuerst auf die dafür vorgesehene Textstelle. Als Nächstes folgt im Menüband ein Mausklick auf den Registerreiter

und anschließend auf das Symbol

.

2 Aus der angezeigten Liste können Sie jetzt per Mausklick eine Kategorie auswählen, beispielsweise

.

Danach wählen Sie, ebenfalls mit einem Klick auf den Eintrag, einen Diagrammtyp aus, im Beispiel

.

Nachdem Sie Ihre Wahl mit

bestätigt haben, erscheint das von Ihnen gewünschte Diagramm im Text.

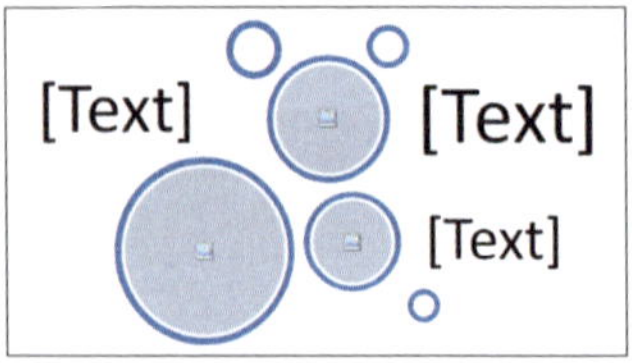

3 Jetzt können Sie in die Kreise beziehungsweise Blasen ganz einfach Bilder einfügen. Dazu klicken Sie in einer der Blasen doppelt auf das Bildsymbol in der Mitte, etwa ●.

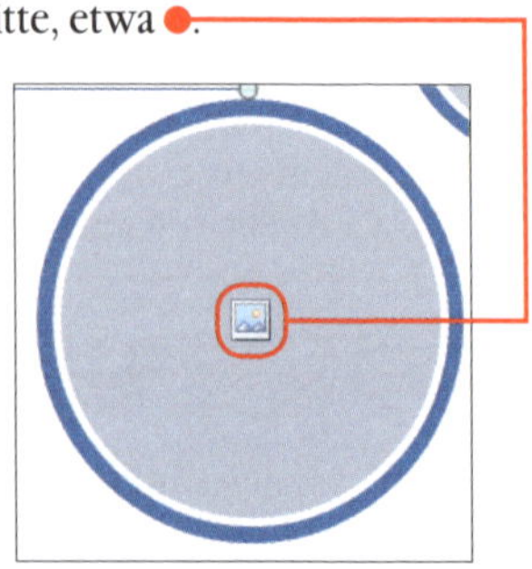

Wählen Sie anschließend per Mausklick ein Bild aus,

und klicken Sie auf die Schaltfläche ●.

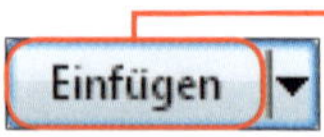

Schon erscheint das Bild in der ausgewählten Blase.

4 Selbstverständlich lässt sich ein solches Bild auch beschriften. Dazu klicken Sie in das zur Blase gehörige Textfeld

und tippen den gewünschten Text ein, hier ●.

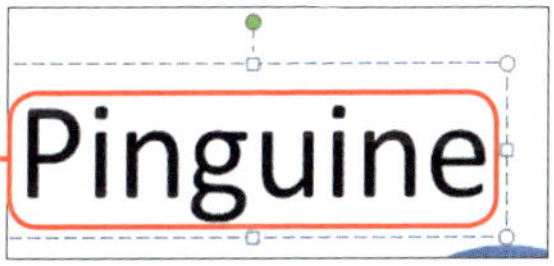

Nach einem Mausklick neben dem Textfeld taucht Ihre Beschriftung beim Bild auf:

5 Bei Bedarf können Sie auch nachträglich weitere Bildkreise hinzufügen. Dazu markieren Sie per Mausklick Ihr SmartArt-Diagramm und klicken dann im Menüband ●

auf den Befehl ●.

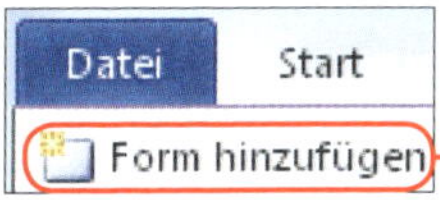

6 Um hingegen eine Form zu entfernen, klicken Sie auf das dazugehörige Textfeld, etwa ●,

und dann mit der *rechten* Maustaste auf die gestrichelte Linie ●.

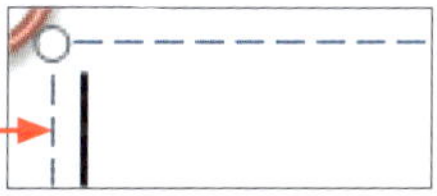

Aus dem daraufhin aufgeklappten Kontextmenü brauchen Sie dann nur noch den Befehl

zu wählen – und schon werden das Bild- und das Textfeld entfernt.

7 Auch die Farbe der Bilderrahmen können Sie ganz einfach ändern. Dazu klicken Sie auf das Farben-Werkzeug ●

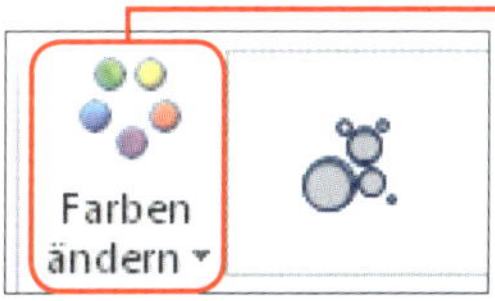

und wählen eine der anschließend angebotenen Farben aus. Mit einem Mausklick übernehmen Sie die Änderung.

8 Ganz nach Wunsch lassen sich zudem weitere raffinierte Effekte erzielen. Wenn Ihr Bild beispielsweise so aussehen soll, als ob man von schräg oben darauf schaut, klicken Sie in der Registerkarte

des Menübands auf den nach unten weisenden Pfeil

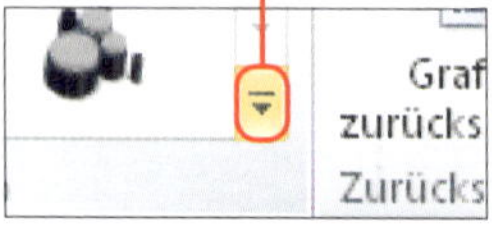

und wählen danach per Mausklick die Form

aus. Anschließend könnte Ihr Bild beispielsweise so aussehen:

Bildschirmfotos direkt in ein Dokument übernehmen

Mitunter ist es zum Beispiel für Dokumentationszwecke sinnvoll, wenn Sie ein Bildschirmfenster „fotografieren" beziehungsweise speichern und dann in Word übernehmen können. Hierfür benötigen Sie kein spezielles Programm, da diese Funktion in Word integriert ist. Im Folgenden wird Ihnen gezeigt, wie Sie mit wenigen Mausklicks erst ein Bildschirmfoto (= Screenshot) machen und dieses dann in ein Dokument übernehmen.

1 Für einen Screenshot klicken Sie in Ihrem Dokument als Erstes auf die Stelle, an der das Bildschirmfoto eingefügt werden soll. Anschließend klicken Sie im Menüband auf den Registerreiter

und danach auf das Symbol .

2 Daraufhin werden alle derzeit geöffneten Fenster nebeneinander angezeigt. Jetzt brauchen Sie nur noch per Mausklick eines der sichtbaren Fenster

auszuwählen, im Beispiel ●.

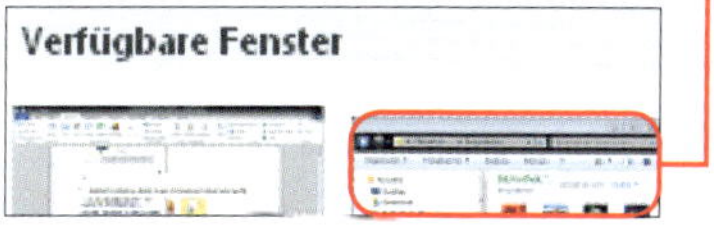

Sofort erscheint das gewünschte Bildschirmfoto in Ihrem Dokument.

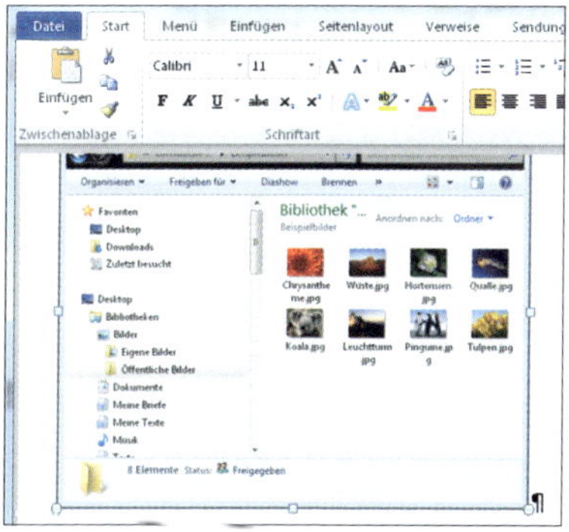

3 Sollten Sie statt des kompletten Bildschirmfensters nur einen Ausschnitt daraus benötigen, ist auch das kein Problem. Wiederholen Sie einfach Schritt 1 dieses Tipps, und klicken Sie dann in der geöffneten Auswahl auf den Eintrag

.

Umgehend wird Word ausgeblendet, und Sie sehen die Windows-Oberfläche mit dem geöffneten Fenster. Nun können Sie den gewünschten Bereich markieren, indem Sie mit gedrückter Maustaste einen Rahmen aufziehen.

Lassen Sie die Maustaste los, wird der Bildausschnitt an der zuvor festgelegten Stelle in das Dokument eingefügt.

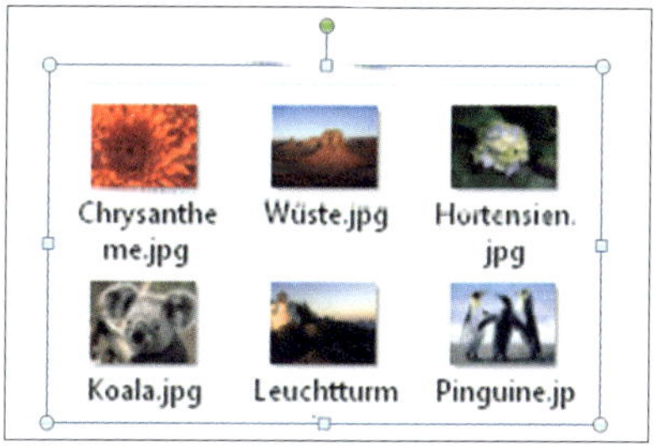

Mit WordArt Text gestalten

In Zeiten wie diesen, da man von plakativen Hinweisen auf irgendwelche Events geradezu überschwemmt wird, kommt man zumeist nicht darum herum, auch eine Einladung auffälliger zu gestalten.

Angenommen, Sie möchten bei Ihrer Einladung beispielsweise die Überschrift gezielt hervorheben. Dann können Sie ganz komfortabel auf WordArt zurückgreifen. Damit bringen Sie den

Text wie eine Grafik zum Leuchten oder gestalten alles mit räumlicher Tiefe.

1 Markieren Sie als Erstes den Text, den Sie mit WordArt gestalten möchten, und klicken Sie dann im Menüband auf den Registerreiter

.

Anschließend klicken Sie im Bereich „Text" auf

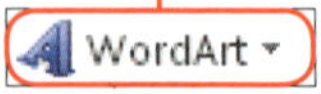

.

2 Nun können Sie per Mausklick eine Gestaltungsvorlage auswählen, im Beispiel .

Daraufhin wird der markierte Text entsprechend der Vorlage formatiert. Im Beispielfall sieht das dann so aus:

3 Wenn Sie die Schrift größer oder kleiner haben wollen, führen Sie den Mauszeiger auf einen der Eckpunkte im Textrahmen, bis er seine Form verändert: .

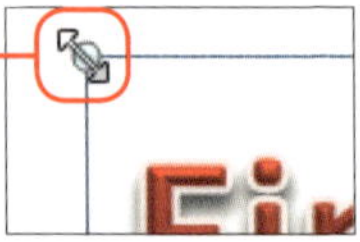

Dann klicken Sie, halten die Maustaste gedrückt und ziehen den Text bei weiterhin gedrückter Maustaste nach außen (dann wird er entsprechend vergrößert) oder nach innen (dann wird er verkleinert).

4 Jetzt können Sie auf Wunsch noch weitere Effekte hinzufügen. Dazu klicken Sie zuerst auf

und danach in der geöffneten Liste auf den Eintrag

.

Wenn Sie dann mit dem Mauszeiger über eine der Vorlagen streichen, beispielsweise

,

können Sie die Wirkung direkt an Ihrem Text begutachten.

Sollte Ihnen die neue Optik gefallen, übernehmen Sie sie wie gewohnt per einfachem Mausklick.

6 Word für alle: Zusammenarbeit im Netz

Je öfter Sie unterwegs sind, desto mehr werden Sie Ihre Office-Dokumente vermissen. Denn mitunter müssen Sie zwischendurch Dokumente lesen und sogar bearbeiten. Einen Rechner haben Sie so gut wie überall zur Verfügung, nur schleppen Sie nicht unbedingt auch immer eine kleine portable Festplatte mit all Ihren Dokumenten mit sich herum.

Microsoft Office bietet Ihnen seit der Version 2010 die Möglichkeit, Dateien statt auf der Festplatte gleich in einem gesicherten Bereich im Internet zu speichern und damit unabhängig von einem stationären Rechner verfügbar zu haben. Und wenn Sie außerdem noch mit anderen Anwendern zusammenarbeiten, können Sie sogar Dateien für bestimmte Personen freigeben. Sie haben gar kein Office? Kein Problem: Mit den „Office Web Apps" stellt Microsoft sogar eine Version von Word (sowie von Excel und PowerPoint) im Internet zu Verfügung, für deren Bedienung Sie lediglich einen **Browser** beziehungsweise ein Internetzugriffsprogramm benötigen. Voraussetzung für die Nutzung von Word im Internet ist ein spezielles Internetkonto. Wie Sie dieses anlegen, erfahren Sie daher gleich im ersten Tipp.

Kapitel-Wegweiser

Ein Windows Live-Konto anlegen

Wenn Sie Office im Internet verwenden und Dateien dort in einem eigenen Speicher abspeichern wollen, können Sie dies über einen Server im Internet oder über einen Dienst wie Dropbox (**www.dropbox.com**) machen, der Ihnen Speicher zur Verfügung stellt.

Viel einfacher geht das aber über den Microsoft-eigenen Dienst Windows Live, denn dieser beinhaltet nicht nur den Internet-Speicher, sondern sogar auch eine Version von Word, mit der Sie Ihre Dokumente ohne Ihren eigenen PC verändern können!

Für Windows Live benötigen Sie ein Konto bei diesem Dienst. Darin werden alle Kontaktdaten, Termine, Dokumente und viele weitere Informationen, die Sie auf dem Rechner oder Smartphone eingeben, sicher gespeichert.

Stellen Sie sich das einfach so vor: Sie gehen zu Ihrer Bank und wollen dort ein Konto für Ihr Erspartes anlegen. In dem Zusammenhang fragt die Bank von Ihnen eine Vielzahl von Informationen ab, stellt sicher, dass Sie wirklich Sie sind, und sichert Ihnen dann zu, dass Ihr Geld und Ihre Daten sicher und vertraulich aufbewahrt werden.

Ein neues Konto anlegen

Sollten Sie bereits ein Windows Live-Konto besitzen, müssen Sie nicht unbedingt ein neues anlegen. Sinnvoll wäre es allerdings, wenn das Konto mehr als vier Jahre alt ist, denn dann hat es noch nicht alle Funktionen. Falls Sie ein Windows Phone 7-Gerät verwenden, dann sollten Sie in jedem Fall die Live ID benutzen, die Sie auch für Ihr mobiles Gerät einsetzen.

Im Folgenden wird die Kontoerstellung beispielhaft per Internet Explorer gezeigt. Zudem wird bei allen Abbildungen vorausgesetzt, dass Sie die aktuellste Version des Microsoft-**Betriebsprogramms**, Windows 7, installiert haben. Ebenso muss die Internetverbindung bereits eingerichtet und der Rechner mit dem Internet verbunden sein.

1 Nachdem Sie Ihr Internetzugangsprogramm gestartet haben, tippen Sie in die Adresszeile die Adresse **www.windowslive.de** ein, bevor Sie rechts davon auf

klicken. Daraufhin wird die offizielle Windows Live-Internetseite geladen. Um ein nun neues Windows Live-Konto anzulegen, klicken Sie oben rechts im Fenster des Internet Explorers auf

.

2 Windows Live weist Sie noch einmal darauf hin, dass Sie gegebenenfalls bereits ein Konto besitzen, wenn Sie eine Xbox oder einen anderen Dienst von Microsoft verwenden. Falls Sie sich an dieser Stelle mit einem bestehenden Konto anmelden möchten, klicken Sie auf ●.

3 Mit einem Mausklick auf ● können Sie festlegen, dass Sie eine bestehende **E-Mail**-Adresse als Windows Live ID verwenden wollen.

Dies empfiehlt sich in der Regel allerdings nicht: Durch das Anlegen einer neuen Windows Live ID erhalten Sie nämlich auch eine zusätzliche E-Mail-Adresse, an die dann alle Nachrichten geschickt werden, die mit Windows Live zu tun haben. Auf diese Weise können Sie Ihre „normalen" E-Mails wunderbar frei von den rein informativen Benachrichtigungs-E-Mails halten. Legen Sie daher, wie im Folgenden beschrieben, ein Windows Live-Konto mit einer neuen Identitätsadresse (ID) an.

4 Das Windows Live-Konto wird anhand einer „Windows Live ID" identifiziert, die Sie relativ frei wählen können. Klicken Sie auf ●,

und tippen Sie Ihren frei wählbaren Wunschnamen ein. Öffnen Sie dann per Klick auf ●

eine Liste, und wählen Sie darin den Typ Ihrer Windows Live ID aus, etwa ●.

Auch hier ist vor allem Ihre persönliche Vorliebe ausschlaggebend, funktional unterscheiden sich die drei angegebenen Typen nicht voneinander.

5 Um zu überprüfen, ob Ihre gewünschte Windows Live ID noch frei oder schon vergeben ist, klicken Sie als Nächstes auf

.

Sollte die von Ihnen gewählte Adresse schon vergeben sein, dann zeigt Ihnen Windows Live dies durch eine rote Fehlermeldung an, etwa: ●.

Darunter befindet sich eine Liste mit Vorschlägen von noch verfügbaren Windows Live IDs, aus denen Sie per Mausklick eine beliebige auswählen können. Wenn Ihnen davon nichts gefällt, klicken Sie einfach auf ●

und wiederholen dann Schritt 2 mit einem anderen Namen. Wenn die von Ihnen gewählte Windows Live ID noch verfügbar ist, bekommen Sie einen netten Hinweis in Grün:

6 Als Nächstes müssen Sie ein Kennwort für Ihr Konto eingeben. Dieses ist frei wählbar, muss aber mindestens sechs Zeichen enthalten. Achten Sie auch auf Groß- und Kleinschreibung, denn „andreas“ ist für Windows Live etwas anderes als „Andreas“.

7 Bereits bei der Eingabe prüft Windows Live, wie „stark“ (im Sinne von sicher und nicht zu erraten) Ihr Passwort ist. Wenn Sie beispielsweise nur Kleinbuchstaben verwenden, dann wird das Passwort als eingestuft. Direkt darunter

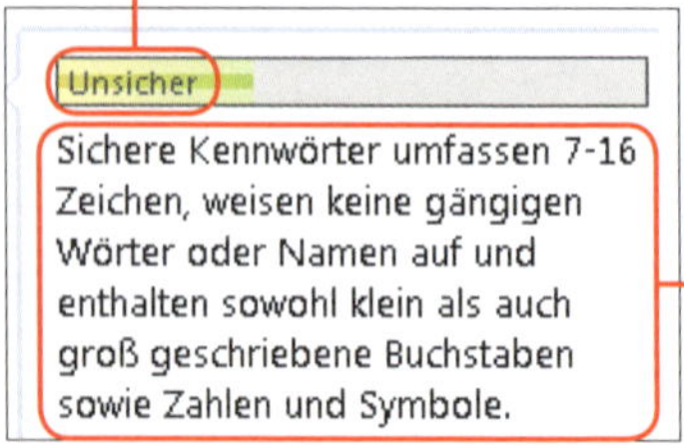

finden Sie dann Hinweise, wie Sie ein Kennwort auswählen können, das als bewertet wird.

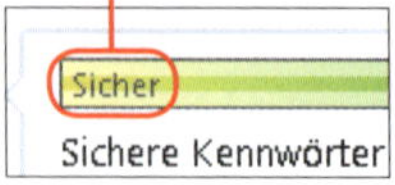

Achtung: So schön es ist, durch ein sicheres Passwort davor geschützt zu sein, dass jemand Unberechtigtes auf Ihr Konto zugreifen kann - eines sollten Sie bedenken: Je komplexer Sie das Passwort wählen, desto schwerer können Sie es sich merken. Und so behilft sich manch einer damit, das Passwort einfach aufzuschreiben … was die vermeintliche Sicherheit natürlich wieder verringert. Wählen Sie daher einen Mittelweg zwischen Sicherheit und Bedienkomfort, auch wenn das Passwort von Windows Live dann vielleicht nur als „gut“ beurteilt wird.

Klicken Sie dann auf , und geben Sie das soeben gewählte Passwort zur Sicherheit noch einmal ein. Mit dieser Sicherheitsabfrage soll gewährleistet werden, dass Sie sich nicht vertippt haben.

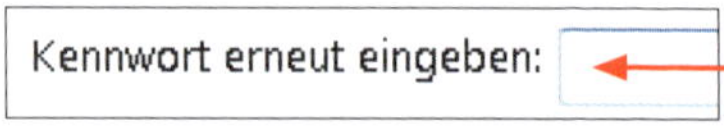

8 Sollten Sie später einmal Ihr Kennwort vergessen, kann Ihnen Windows Live dieses auf Wunsch an eine andere E-Mail-Adresse zustellen. Dazu müssen Sie natürlich eine bereits vorhandene (und nicht die mit Ihrem Windows Live-Konto verknüpfte) E-Mail-Adresse angeben. Tragen Sie diese alternative E-Mail-Adresse in das dafür vorgesehene Feld ein: .

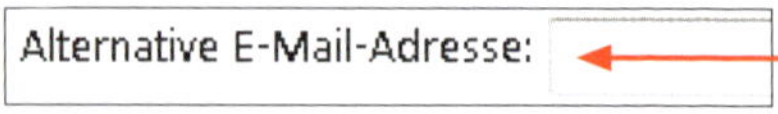

9 Nun ist es an der Zeit, ein paar persönliche Informationen einzugeben.

Klicken Sie auf ●, und geben Sie Ihren Vornamen ein, dann auf ●

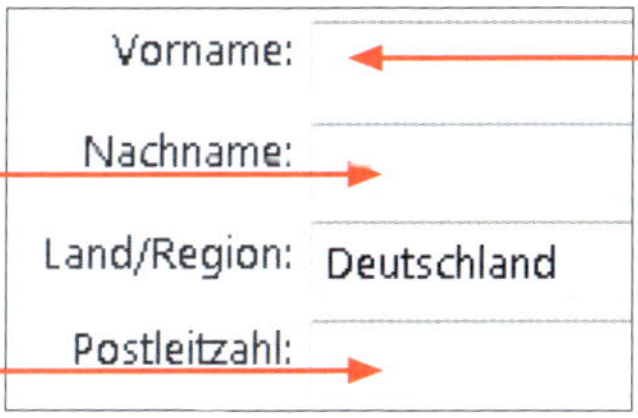

für die Eingabe des Nachnamens und auf ● für die Eingabe Ihrer Postleitzahl. Danach müssen Sie noch angeben, ob Sie ein Mann oder eine Frau sind, indem Sie per Klick auf ● oder ●

einen Punkt setzen. Zu guter Letzt tragen Sie noch Ihr Geburtsjahr ein.

10 Als weiterer Schutz vor automatischen Anmeldungen aus dem Internet wird ein sogenanntes Captcha - ein Bild, das aus Buchstaben besteht - angezeigt, im Beispiel ●. Windows Live erwartet nun von Ihnen, dass Sie diese Buchstabenfolge korrekt abtippen. Wenn Sie sie nicht richtig lesen können, klicken Sie auf ●,

um ein neues Captcha angezeigt zu bekommen. Tippen Sie die angezeigte Zeichenfolge direkt in das Feld darunter: ●.

11 Um das Anlegen des neuen Windows Live-Kontos zu bestätigen, klicken Sie am Ende der Seite auf

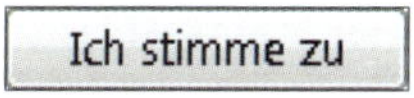

.

Windows Live bestätigt Ihnen die Anlage Ihres neuen Kontos nicht durch eine Erfolgsmeldung, sondern wechselt direkt in Ihre Kontoansicht und zeigt Ihnen oben rechts den von Ihnen eingegebenen Namen an, im Beispiel ●.

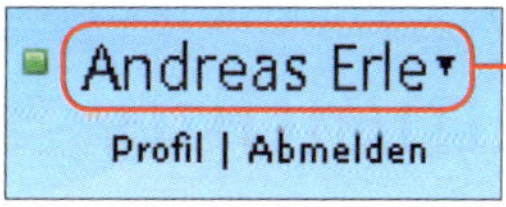

Am Windows Live-Konto anmelden

Wenn Sie später einmal auf einem anderen Rechner auf Ihre Word-Dokumente zugreifen wollen, um diese zu lesen oder zu bearbeiten, dann müssen Sie sich vorher manuell an diesem Konto anmelden.

1 Starten Sie wieder den Internet Explorer, und rufen Sie die Windows

Live-Seite auf, wie auf Seite 66 beschrieben. Klicken Sie dann oben rechts auf

und anschließend in der aufklappenden Auswahl auf ●.

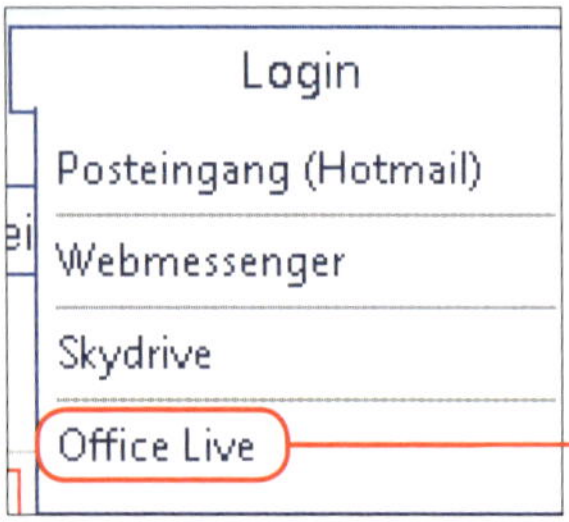

2 Als Nächstes geben Sie in das oberste Feld Ihre Windows Live ID ein (soweit Ihr Internetanzeigeprogramm diese nicht automatisch einträgt), etwa ●. Darunter ●

erfolgt die Eingabe Ihres Kennworts.

3 Wenn Sie möchten, dass Ihre Windows Live ID gespeichert wird, setzen Sie per Klick in das Kästchen ● einen Haken und aktivieren damit diese Komfortfunktion. Wenn nur Sie alleine den Rechner benutzen, an dem Sie gerade sitzen, können Sie mit einem Mausklick auf ●

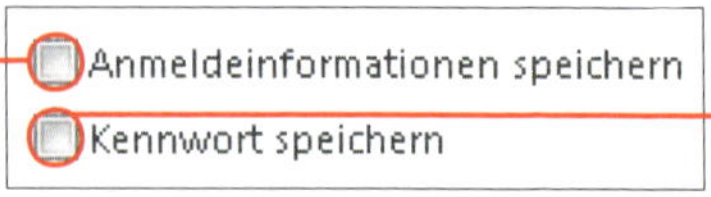

auch die Speicherung Ihres Passwortes bestimmen. Falls allerdings auch andere Personen Ihren Rechner verwenden, sollten Sie die Speicherung unbedingt vermeiden!

4 Für die Anmeldung klicken Sie einfach auf

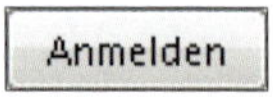

.

Um sich später wieder von Ihrem Windows Live-Konto abzumelden und somit anderen den Zugriff auf Ihre Daten zu versperren, genügt ein Klick auf ●.

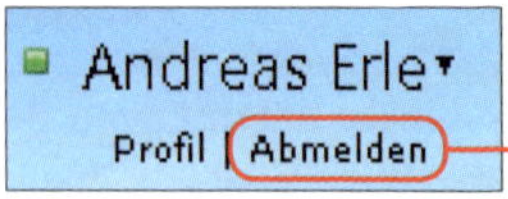

Aktivieren des Kontos

Ihr Windows Live-Konto enthält nicht nur, wie auf den ersten Blick zu vermuten wäre, E-Mails, sondern auch Kontakte, Termine und Ihre Office-, also auch Word-Dokumente. Wenn Sie effektiv arbeiten wollen, dann sollten Sie das Windows Live-Konto kurz komplett aktivieren.

1 Wechseln Sie zur Windows Live-Seite, und melden Sie sich an Ihrem Windows Live-Konto an, wie soeben beschrieben. Klicken Sie dann auf

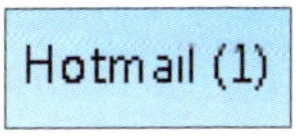

und anschließend im sich öffnenden Menü auf ●,

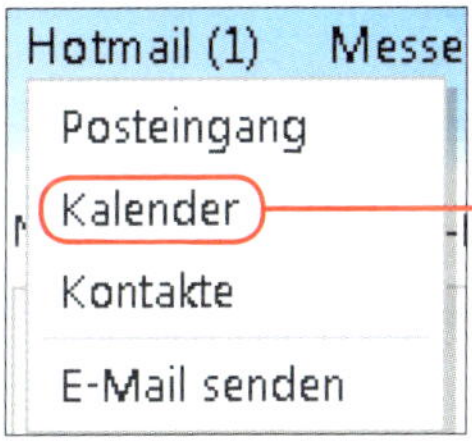

um den Kalender aufzurufen.

2 Windows Live fragt nun nach der Zeitzone, in der Sie sich befinden. Sollten Sie diese ändern müssen, klicken Sie auf ●

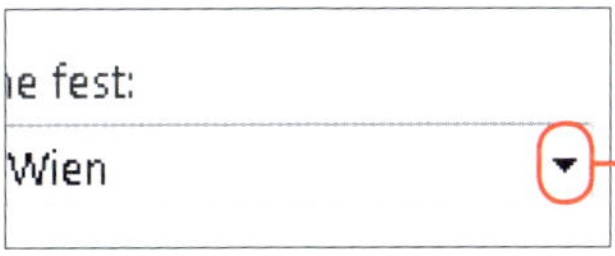

und in der sich öffnenden Liste auf den richtigen Eintrag, beispielsweise ●.

Anschließend folgt ein Mausklick auf

.

3 Um die Kontakte aufzurufen, klicken Sie danach auf

und im aufklappenden Menü auf den Eintrag ●.

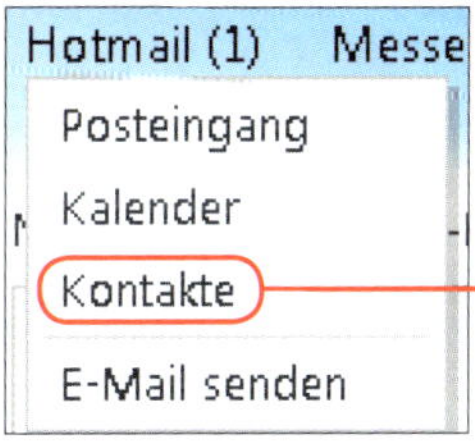

Damit ist Ihr Windows Live-Konto aktiviert und vollständig über Word und auch über Ihr mobiles Gerät nutzbar.

Dokumente im Internet speichern

Einer der Begriffe, die in den vergangenen Monaten immer bekannter geworden sind, ist der des „Cloud-Computings" oder kurz „der Cloud". Abgeleitet vom englischen Wort für Wolke soll dieser Begriff andeuten, dass die Daten in einem willkürlich zusammengewürfelten Speicher im Internet gespeichert werden und der genaue Speicherort für den Anwender vollkommen unerheblich ist. Am Ende geht es nur darum, einen verlässlichen Partner auszusuchen. Bei Windows Live ist dies Microsoft, und hier sind Ihre Daten sicher und in guten Händen.

Wenn Sie ein Windows Live-Konto angelegt haben, besitzen Sie automatisch auch ein „SkyDrive". Das ist eine über Ihr Live-Konto zugängliche Festplatte im Internet, die sich neben vielen anderen Dingen auch als Speicher für die gemeinsame Bearbeitung von Word-Dokumenten nutzen lässt.

Der Begriff „SkyDrive" (übersetzt: Himmelslaufwerk) nimmt auf die Wolken am Himmel Bezug und bezeichnet eben diese kostenlose Festplatte, die im „Cloud-Dienst" Windows Live verfügbar ist.

Der Zugriff auf diesen Speicher funktioniert dann ganz komfortabel direkt über Word auf dem Rechner.

1 Öffnen Sie wie gewohnt ein bestehendes Word-Dokument, oder legen Sie ein neues an. Um das Dokument nun auf Ihrem SkyDrive speichern zu können, klicken Sie als Erstes auf ●

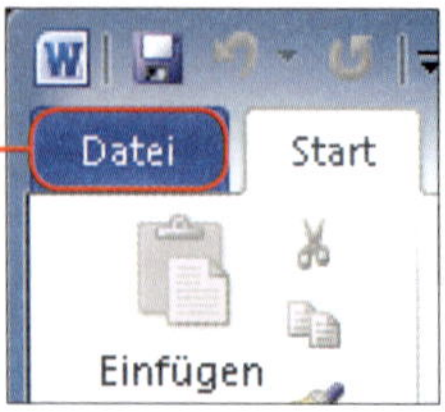

und dann im geöffneten Menü auf ●.

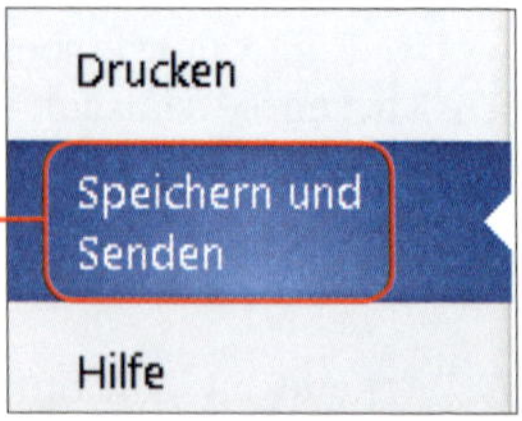

Sie haben jetzt verschiedene Möglichkeit, Ihr Word-Dokument zu sichern. Für das Speichern auf dem SkyDrive klicken Sie auf ●.

2 Wenn Sie eine Datei zum ersten Mal im Internet speichern möchten, müssen Sie sich mit Ihrer Windows Live ID anmelden. Klicken Sie dazu auf ●.

3 Daraufhin erscheint das Anmeldefenster für Windows Live. Klicken Sie hier auf ●, und geben Sie über die Tastatur den Benutzernamen in Form Ihrer Windows Live ID ein. Anschließend klicken Sie auf ●,

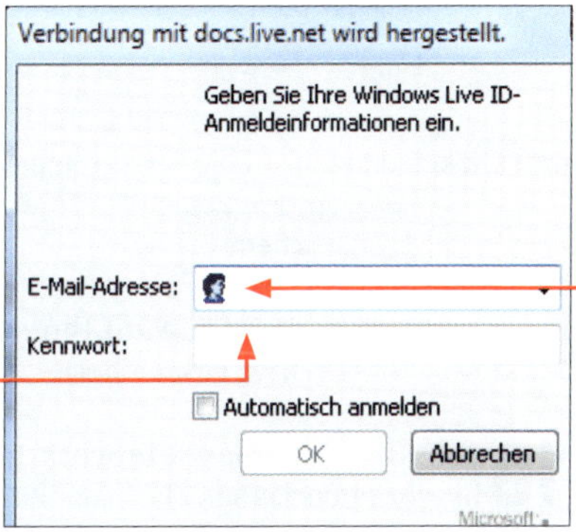

geben das dazugehörige Kennwort ein und bestätigen mit OK.

4 Um Ihre Windows Live ID und das Kennwort auf Ihrem Rechner zu speichern, setzen Sie hier ● per Mausklick einen Haken. Danach brauchen Sie nur noch auf die Schaltfläche ● zu klicken.

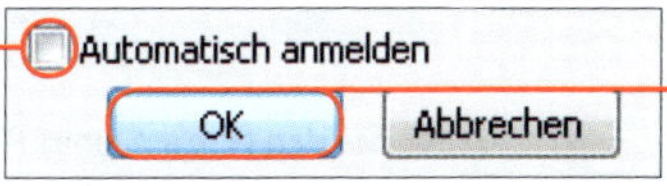

5 Nachdem Sie sich an Ihrem Windows Live-Konto angemeldet haben, zeigt Ihnen Word alle Ordner an, die sich auf Ihrem Windows Live SkyDrive befinden. Im einfachsten Fall können Sie nun einen dieser Ordner anklicken.

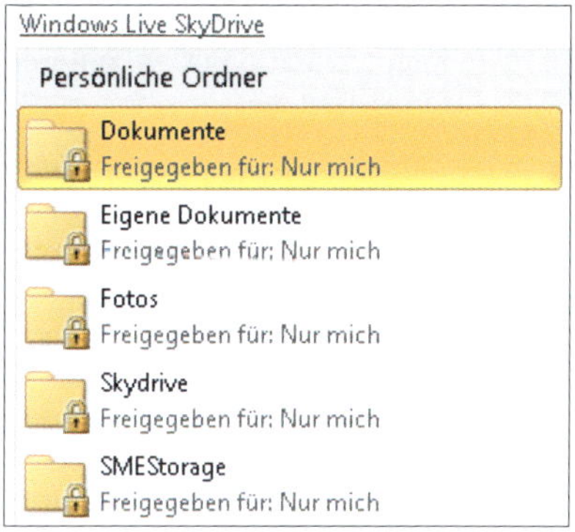

6 Wenn Sie später Word-Dokumente für andere Anwender freigeben wollen, sollten Sie zunächst ein neues Unterverzeichnis anlegen. Klicken Sie dazu auf

.

Word startet jetzt automatisch Ihr Internetzugriffsprogramm und leitet Sie auf die Windows Live-Seite. Melden Sie sich an Ihrem Konto an, wie im Tipp auf Seite 70 in gezeigt. Als Nächstes geben Sie hier ●

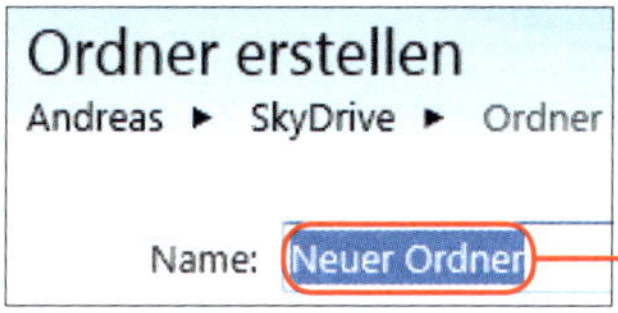

den Namen des neuen Ordners ein und klicken dann auf

.

7 Um wieder zurück zu Word zu gelangen, folgt ein Mausklick am unteren Bildschirmrand auf ●.

Damit nun die Liste der Ordner aktualisiert wird, klicken Sie einfach auf den Befehl

.

8 Wenn Sie in dem neu angelegten Ordner jetzt eine Datei speichern möchten, klicken Sie auf den entsprechenden Eintrag, im Beispiel ●,

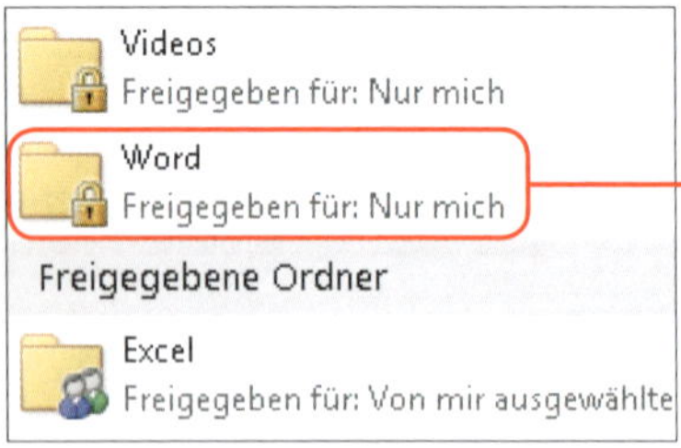

und dann auf den Befehl

.

9 Anschließend geben Sie hier ● wie gewohnt den Namen des Dokuments ein

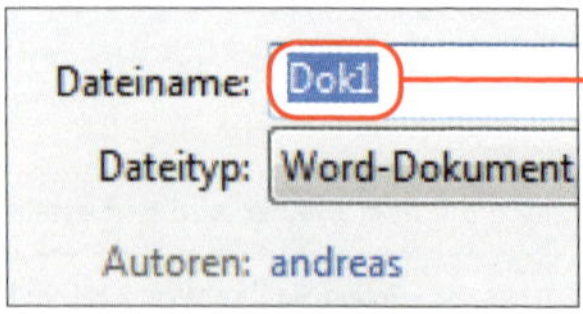

und klicken danach auf die Schaltfläche

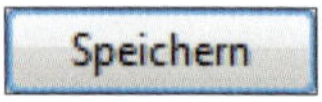

.

Ihr Word-Dokument ist nun auf Ihrem Windows Live SkyDrive gespeichert.

10 Achtung: Wenn Sie wie in Schritt 4 beschrieben das Speichern der Zugangsdaten aktiviert haben und den Rechner wechseln oder jemanden anders an Ihren PC lassen, empfiehlt es sich, alle gespeicherten Passwörter zu löschen und somit den automatischen Zugang zu Ihren Dateien in Word zu sperren. Drücken Sie dazu die **Tastenkombination** ⊞ und R, und tippen Sie dann im Eingabefenster ●

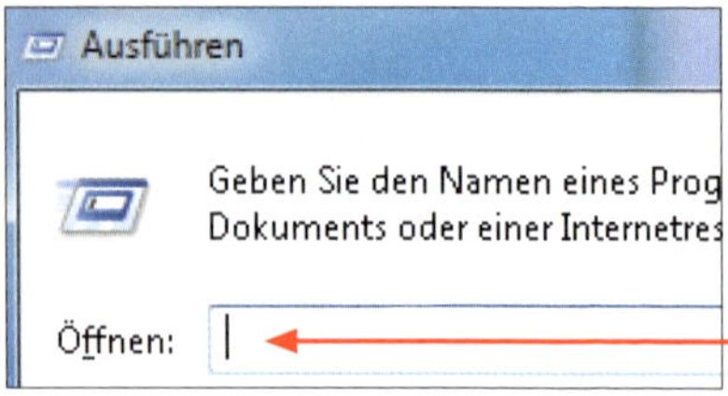

„cmd" ein. Nach einem Mausklick auf

erscheint ein Fenster mit der Eingabeaufforderung: ●.

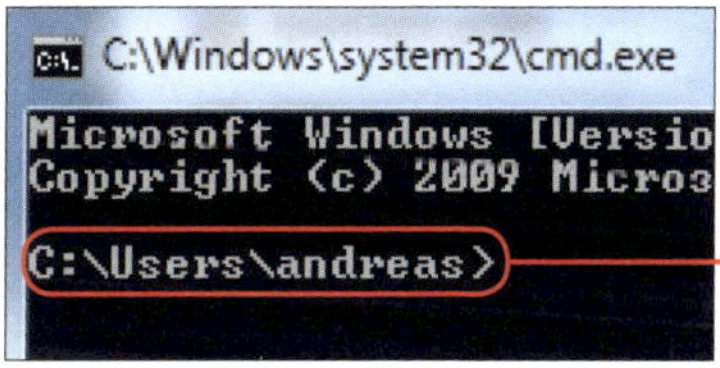

Wenn Sie dort den Befehl

Cmdkey /delete:passport.net*

eingeben und die Taste ↵ drücken, werden alle Zugangsberechtigungen für ein Windows Live SkyDrive auf Ihrem Rechner gelöscht.

Ein gespeichertes Dokument öffnen

Falls Sie ein Dokument, das Sie auf Ihrem Windows Live SkyDrive gespeichert haben, wieder öffnen möchten, ist der Weg dahin denkbar einfach – er führt allerdings *nicht*, wie man vermuten könnte, über Word:

1 Starten Sie wieder das Internetzugriffsprogramm, und rufen Sie die Windows Live-Seite auf, wie auf Seite 66 gezeigt. Melden Sie sich dann wie gewohnt an Ihrem Windows Live-Konto an. Um nun die Ordnerstruktur Ihres Windows Live SkyDrives angezeigt zu bekommen, klicken Sie oben links auf dem Bildschirm auf den Befehl ●.

2 Öffnen Sie den Ordner, in dem sich die zu bearbeitende Datei befindet, mit einem Doppelklick, etwa ●,

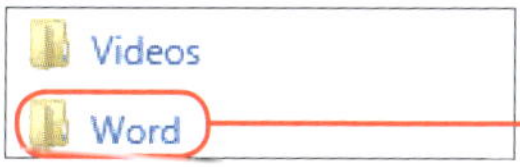

und klicken Sie im geöffneten Ordner auf die gewünschte Datei, hier ●.

3 Die Datei wird daraufhin in Ihrem Internetzugriffsprogramm geöffnet (siehe auch Seite 76). Sie können aber auch dafür sorgen, dass sie in Word auf Ihrem Rechner geöffnet wird. Klicken Sie dazu einfach auf den Befehl

.

4 Ihr Internetzugriffsprogramm erkennt jetzt, dass Sie auf Ihrem Rechner eine Datei aus dem Internet öffnen wollen, und schlägt Alarm: Sie könnten sich ja einen Virus einhandeln! Die Warnung ●

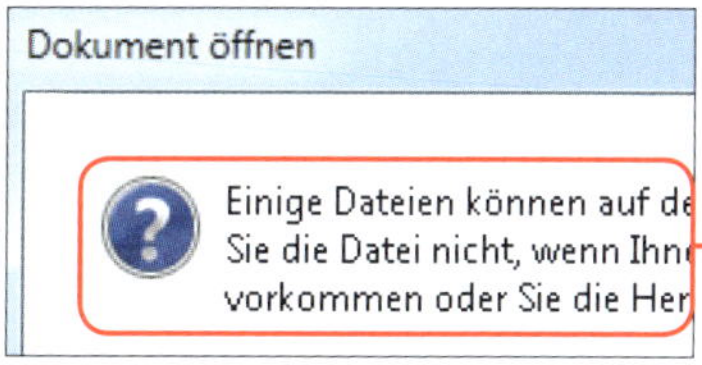

können Sie in diesem Fall aber bedenkenlos per Klick auf

übergehen. Schließlich kennen Sie ja die Datei, die Sie öffnen wollen!

5 Word wird nun auf Ihrem Rechner gestartet, und das Dokument wird automatisch geladen. Sollten Sie in Schritt 4 des vorigen Abschnitts die automatische Anmeldung nicht angewählt haben, müssen Sie sich jetzt noch einmal an Ihrem Windows Live-Konto anmelden. Wenn Sie das Dokument nun auf Ihrem Rechner bearbeiten und anschließend speichern, wird die geänderte Datei automatisch wieder in der aktualisierten Version auf Ihr Windows Live SkyDrive kopiert.

Dokumente mit anderen Anwendern bearbeiten

Das Bearbeitung von Dokumenten mit mehreren Benutzern nacheinander ist in der Regel kein Problem: Der eine schreibt seine Daten hinein, schickt sie an den Nächsten, der macht dasselbe und so weiter. Falls aber einer der Benutzer vergessen sollte, die Datei weiterzugeben, dann kann der andere nicht arbeiten! Stellen Sie sich vor, Sie dokumentieren zusammen mit Ihren Dart-Freunden die Ergebnisse der Spiele und tragen dabei für jeden Dart-Abend die Ergebnisse in einer neuen Zeile ein. Nur ist der Vorsitzende Ihres Vereins ein Schussel und vergisst gerne mal, das Dokument weiterzugeben. Da ist es sicherer, dieses jedem Beteiligten direkt zur Verfügung zu stellen: So wird an einem einzigen Dokument gearbeitet, und alle sind auf dem gleichen Stand … und der Schussel kann gerne weiterhin alles vergessen!

1 Wiederholen Sie Schritt 1 des vorigen Abschnitts, um die Ordnerstruktur Ihres Windows Live SkyDrives angezeigt zu bekommen. Bewegen Sie dann den Mauszeiger über die Datei, die Sie freigeben möchten, im Beispiel ●,

bis rechts davon ein kleines Informationssymbol erscheint:

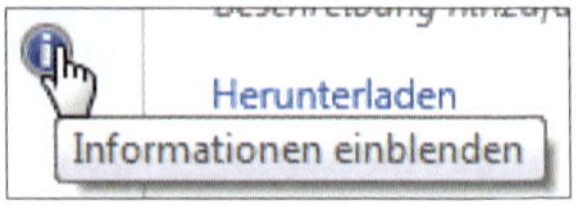

Klicken Sie darauf.

2 Am rechten Bildschirmrand öffnet sich nun ein Menü, in dem Sie verschiedene Einstellungen vornehmen können. Im Standard haben nur Sie allein das Recht, diese Datei zu bearbeiten. Um dies zu ändern, klicken Sie auf ●.

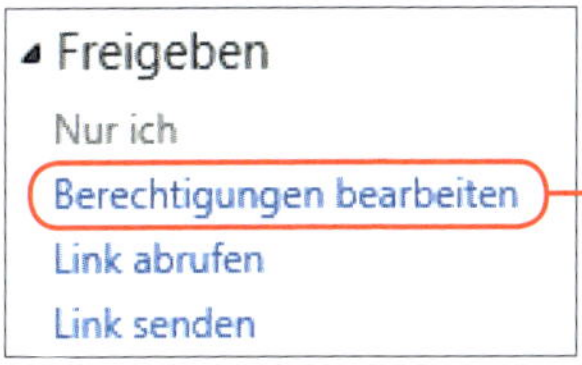

3 Windows Live bietet Ihnen nicht nur vielfältige Funktionen rund um das Speichern und Bearbeiten von Microsoft Office-Dateien. Gleichzeitig ist es auch ein soziales Netzwerk, in dem sich über die Zeit immer mehr „Freunde“ sammeln. Um die Datei nur für Ihre Freunde freizugeben, klicken Sie auf ●, um Freunden und deren Freunden den Zugriff auf die Dateien zu gestatten, hingegen auf ●.

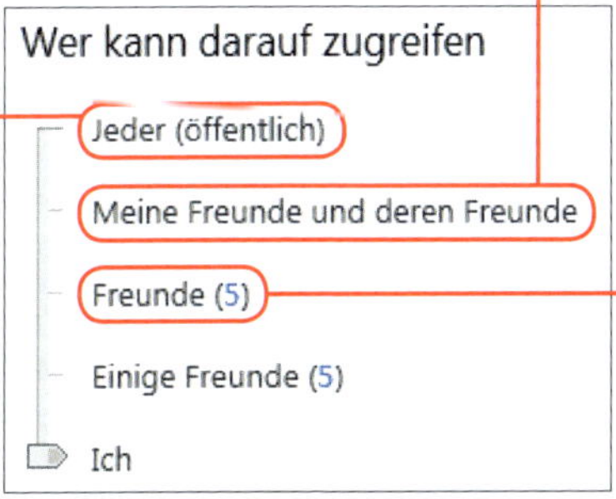

Und wenn sogar jeder Windows Live-Benutzer das Recht haben soll, auf die Dateien zuzugreifen, auf ●. Letztere Option ist allerdings mit Vorsicht zu genießen, denn damit kann jeder beliebige Unbekannte an Ihre Dateien gelangen - wählen Sie also mit Bedacht!

4 Mitunter wollen Sie aber nur ganz bestimmten Personen bei Windows Live die Freigabe für eine Datei oder einen Ordner erteilen. In einem solchen Fall klicken Sie auf ●.

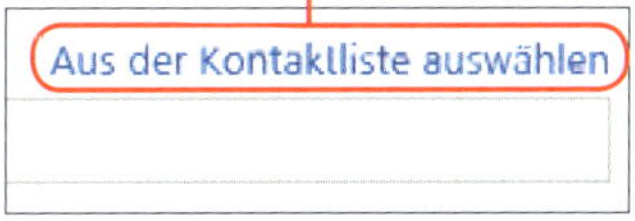

Daraufhin erscheint eine Liste mit Ihren Kontakten. Klicken Sie neben jedem Kontakt, dem Sie die Freigabe erteilen wollen, in das Kästchen, etwa ●.

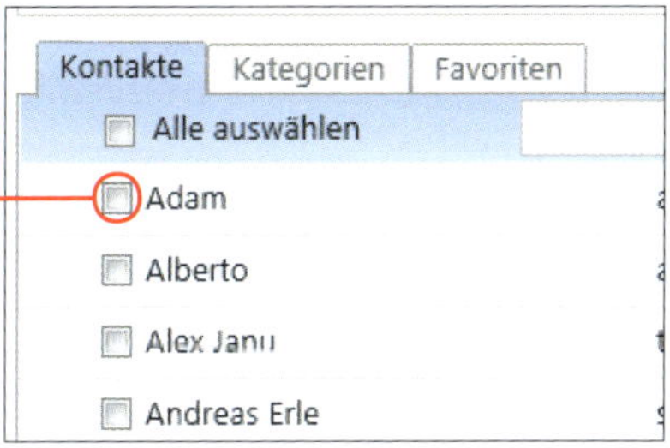

5 Jetzt befinden sich die ausgewählten Kontakte in einer Freigabeliste. Wenn Sie einen dieser Kontakte wieder entfernen und ihm somit die Freigabe entziehen möchten, klicken Sie einfach auf das kleine Kreuz neben dem Namen, im Beispiel ●.

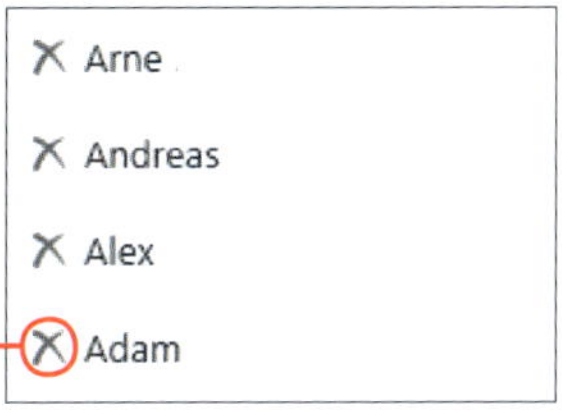

6 Für jeden Benutzer, dem Sie die Freigabe erteilen möchten, können Sie nun separat festlegen, ob er Dokumente nur lesen oder auch verändern darf. Klicken Sie dazu auf

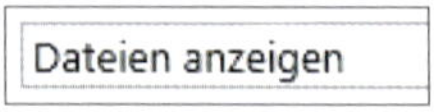

und dann auf ●, um nur Lesezugriff zuzulassen, oder auf ●,

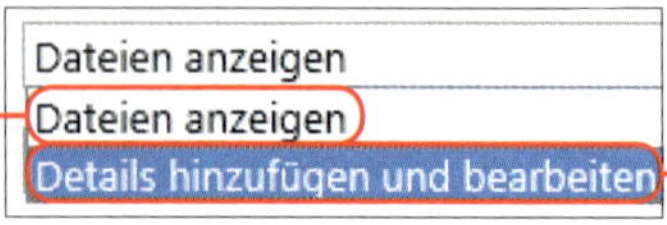

damit der Benutzer Dateien auch ändern und löschen darf. Es folgt ein Mausklick auf die Schaltfläche

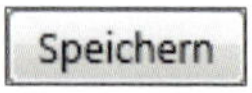

.

7 Nun nützt es natürlich demjenigen, den Sie zur Zusammenarbeit mit Ihrem Dokument einladen wollen, nichts, wenn er nichts davon weiß. Im nächsten Schritt können Sie ihm daher eine Benachrichtigung per E-Mail senden. Tragen Sie hier ● seine E-Mail-Adresse ein, und klicken Sie dann auf ●,

um die Nachricht zu verschicken, oder auf ●, falls Sie es sich anders überlegt haben sollten.

Freigegebene Dateien nutzen

Wenn Sie nun Ihrerseits mit einer für Sie freigegebenen Datei arbeiten wollen, dann führt der Weg dahin einmal mehr über Ihr Windows Live-Konto.

1 Melden Sie sich wieder bei Windows Live an. Bewegen Sie den Mauszeiger dann über ●,

klicken Sie aber *nicht*, sondern warten Sie, bis sich das Menü öffnet. Klicken Sie darin dann einfach auf ●.

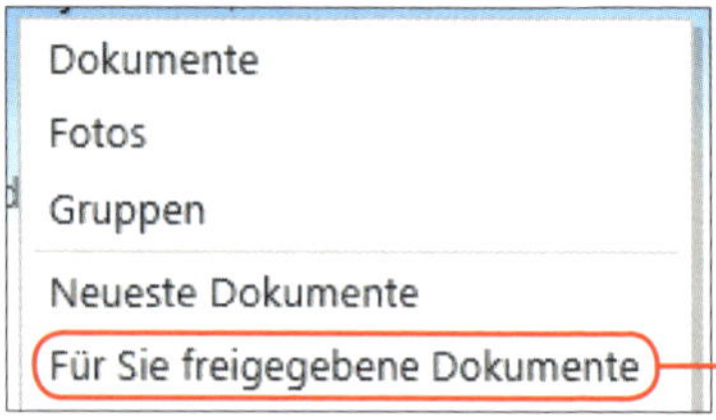

2 Windows Live zeigt Ihnen daraufhin eine Liste aller Ordner an, die von einem beliebigen Anwender für Sie freigegeben wurden. Klicken Sie den gewünschten Ordner an, etwa ●,

und öffnen Sie die Datei, wie auf Seite 75 beschrieben.

3 Nun kann es natürlich vorkommen, dass zwei Anwender gleichzeitig versuchen, auf das Dokument zuzugreifen und dieses zu verändern. Dies ist in Word überhaupt kein Problem: Selbst wenn mehrere Anwender parallel an einem Dokument arbeiten, kann Word die Änderungen hinterher zu einem aktualisierten Stand zusammenführen! Nichtsdestotrotz erhält jeder Anwender, der das Dokument während einer schon laufenden Bearbeitung öffnet, einen Hinweis in Word:

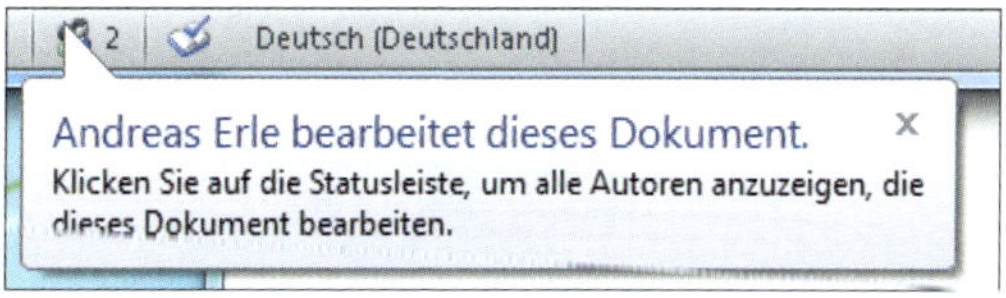

4 Wenn der Zugriff geklappt hat, können Sie die Datei dann wie von anderen Word-Dokumenten gewöhnt bearbeiten und speichern.

5 Um die von Ihnen vorgenommenen Änderungen zu speichern und das Dokument mit den Änderungen anderer Benutzer zu synchronisieren, klicken Sie einfach auf ●.

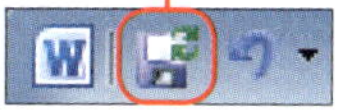

Änderungen, die ein anderer Benutzer vorgenommen hat, erkennen Sie dann an farbigen Markierungen, im Beispiel ●.

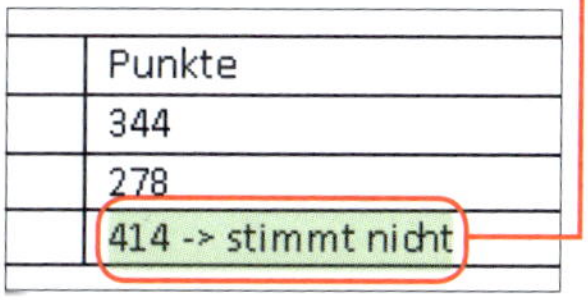

Dokumente im Internet bearbeiten

Nicht immer sind Sie an Ihrem PC, wenn Sie ein Word-Dokument bearbeiten müssen, oder aber Sie haben keinen Rechner zur Verfügung, auf dem die Version 2010 von Word installiert ist. Egal ob Sie nun einen Rechner in einem Internet-Café benutzen oder einen der modernen Tablet-PCs wie das Apple iPad oder ein Android-Tablet: Sie können Ihre Word-Dokumente sogar über das normale Internetzugriffsprogramm erreichen, denn zu Ihrem Windows Live-Konto gehören ja auch die „Office Web Apps".

1 Melden Sie sich wie gewohnt bei Windows Live an, und führen Sie die Schritte 1 und 2 von Seite 75 durch. Die Datei wird daraufhin in Ihrem Internetzugriffsprogramm geöffnet:

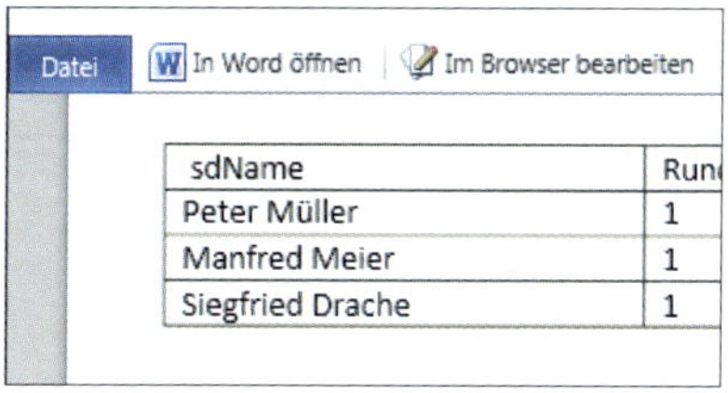

2 Um mit der Bearbeitung direkt zu beginnen, klicken Sie oberhalb des Dokuments einfach auf

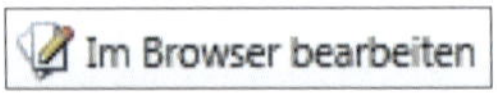

.

Nun ändert sich automatisch die Ansicht des Dokuments, und das Ihnen von Word 2010 bekannte Menüband erscheint:

3 Wie üblich bekommen Sie mit einem Mausklick auf den Registerreiter ●

Zugriff auf die Standardfunktionen. Dazu gehören die Schriftattribute ●,

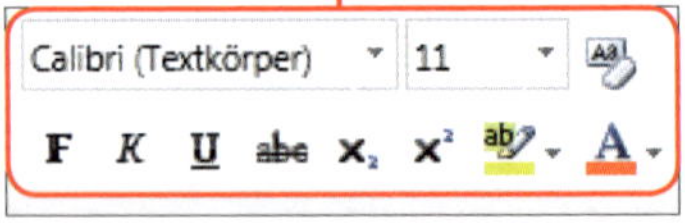

die Ausrichtung des Textes ●,

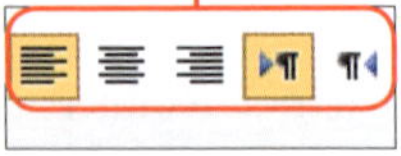

die **Formatvorlagen** für Überschriften ●.

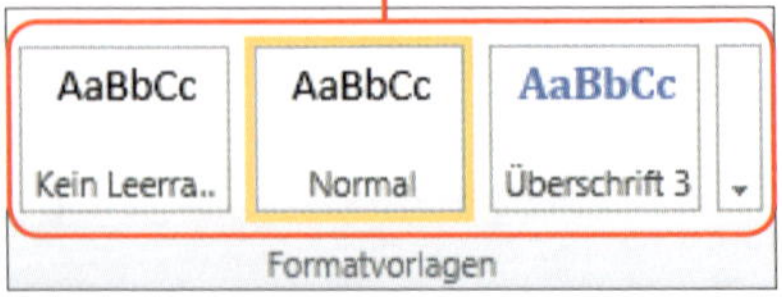

4 Auch wenn Sie ein Dokument im Internet bearbeiten, können Sie noch in das Word auf dem Rechner wechseln, an dem Sie gerade arbeiten. Klicken Sie dazu einfach auf

.

5 Ein bearbeitetes Dokument müssen Sie in der „Word Web App" separat speichern, bevor Sie die Bearbeitung beenden. Klicken Sie dazu einfach auf ●,

damit das Dokument auf dem SkyDrive aktualisiert wird. Erst jetzt sind die vorgenommenen Änderungen auch für die anderen Bearbeiter verfügbar!

6 Wenn Sie an einem fremden Rechner gearbeitet haben, dann sollten Sie sich nach Beendigung der Bearbeitung eines Dokuments auch wieder von Ihrem Windows Live-Konto abmelden, bevor jemand anderes auf Ihre Daten und Dateien zugreifen kann. Klicken Sie dazu einfach auf ●.

7 Das mobile Word mit Windows Phone

In der heutigen Zeit ist das Arbeiten am Arbeitsplatz an einem stationären Rechner eher die Ausnahme als die Regel. Viel zu oft sind Sie unterwegs, müssen schnell auf Ihre Dokumente zugreifen, diese betrachten und vielleicht auch verändern. Ein Notebook haben Sie nicht unbedingt immer mit dabei, aber doch sicherlich Ihr Mobiltelefon!

Microsoft bietet mit Windows Phone 7 ein eigenes **Betriebssystem** für mobile Geräte an, das mittlerweile weit verbreitet ist. Unterschiedliche Hersteller und Netzbetreiber unterstützen Windows Phone. Was das mit Word zu tun hat? Ganz einfach: Auf jedem Windows Phone-Gerät befindet sich eine mobile Version des Programmpakets „Office", zu dem Word ja gehört - und damit steht Ihnen auch automatisch eine mobile Version von Word zur Verfügung. Dabei handelt es sich um eine kleinere, auf die Möglichkeiten eines mobilen Gerätes zugeschnittene Version des Programms, die aber trotzdem erstaunlich viele Funktionen bietet. Auch für andere mobile Betriebssysteme (wie Googles „Android", Apples „iOS" etc.) gibt es zum Nachrüsten Programme, die ähnlich funktionieren. Bei Ihrem Windows Phone sollten Sie bereits die Grundeinrichtung durchgeführt und die Windows Live ID (siehe voriges Kapitel) eingetragen haben. Dann können Sie Ihre Word-Dokumente einfach mitnehmen und unterwegs bearbeiten.

Kapitel-Wegweiser

Mit dem Office Hub arbeiten

Um Word auf Ihrem Windows Phone nutzen zu können, müssen Sie kein zusätzliches Programm installieren: Schon beim ersten Start ist das mobile Office automatisch auf Ihrem Gerät vorhanden, und zwar im Startmenü im sogenannten Office Hub.

1 Um dieses Startmenü zu öffnen und damit Zugriff auf die verschiedenen Programme zu erhalten, tippen Sie im Startbildschirm auf

und wischen dann mit dem Finger nach links.

2 Jedes Menü und jede Liste bei Windows Phone ist „rollbar". Das heißt, wenn Sie mit dem Finger auf den Bildschirm drücken und den Finger dann nach oben oder unten bewegen, „rollen" Sie die Anzeige auf oder ab und machen dadurch nicht sichtbare Elemente sichtbar. Rollen Sie also nach unten, und tippen Sie dann auf den Eintrag .

3 Ihr Windows Phone öffnet daraufhin den Office Hub, die zentrale Stelle für alle Microsoft Office-Anwendungen und -dokumente. Ein Hub zeichnet sich dadurch aus, dass er unterschiedliche Elemente auf einem großen, nach links und rechts sich fortsetzenden Bildschirm vereinigt. Beim Öffnen des Office Hubs sehen Sie zunächst den „Notizen"-Bildschirm des Notizenprogramms „OneNote":

4 Wischen Sie mit dem Finger nun einmal nach links über den Bildschirm. Dann erreichen Sie den „Dokumente“-Bildschirm. Hier finden Sie alle auf Ihrem Gerät gespeicherten Office-Dokumente. Bei einem neu eingerichteten Gerät sind nur drei Dateien vorhanden: eine Excel-Arbeitsmappe ●, ein Word-Dokument ●

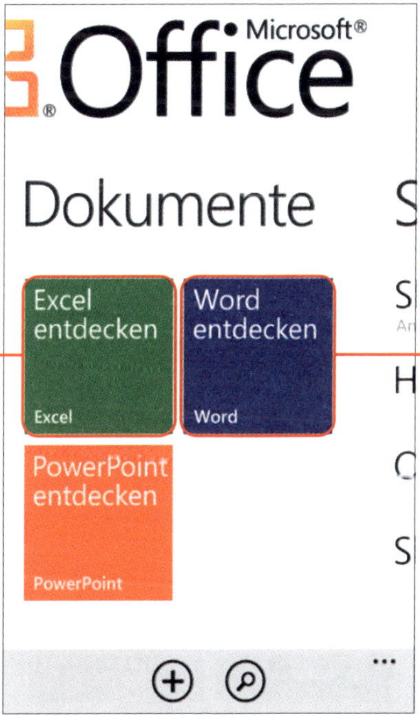

und eine PowerPoint-Präsentation. Wenn Sie diese öffnen, bekommen Sie erste Hinweise zum jeweiligen Programm.

5 Sie haben verschiedene Möglichkeiten, Office-Dateien (und damit auch Word-Dokumente) auf Ihr mobiles Gerät zu bekommen beziehungsweise für andere Anwender zur Verfügung zu stellen. Wenn Sie vom Ausgangsbildschirm aus Schritt 3 zweimal nach links über den Bildschirm wischen, gelangen Sie zur Übersicht aller Speicherorte. Haben Sie Ihre Word-Dokumente am Rechner zu Hause bei Microsoft im Internet gespeichert, finden Sie diese jetzt nach einem Tippen auf ●. Demgegenüber zeigt Ihnen ein Fingertipp auf ●

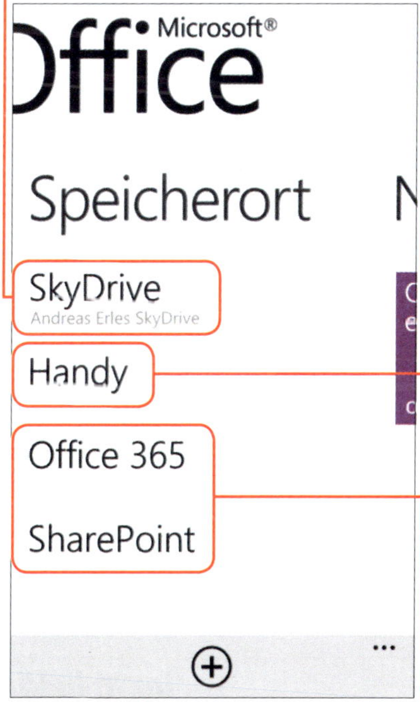

sämtliche Dateien an, die auf Ihrem Windows Phone gespeichert sind. Für die beiden letzten Speicherorte ● benötigen Sie weitere kostenpflichtige Dienste.

Ein neues Word-Dokument anlegen

Um ein neues Word-Dokument anzulegen, ist einmal mehr der Office Hub der richtige Ort.

1 Starten Sie den Office Hub, und wechseln Sie in den „Dokumente"-Bildschirm. Tippen Sie dort mit dem Finger auf .

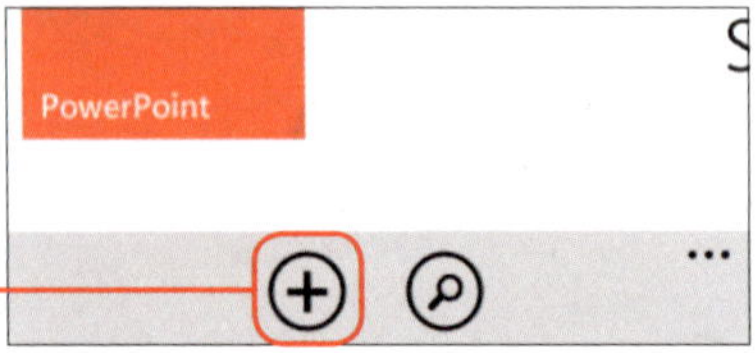

2 Wenn Sie jetzt ein neues, leeres Word-Dokument beginnen wollen, dann tippen Sie einfach auf .

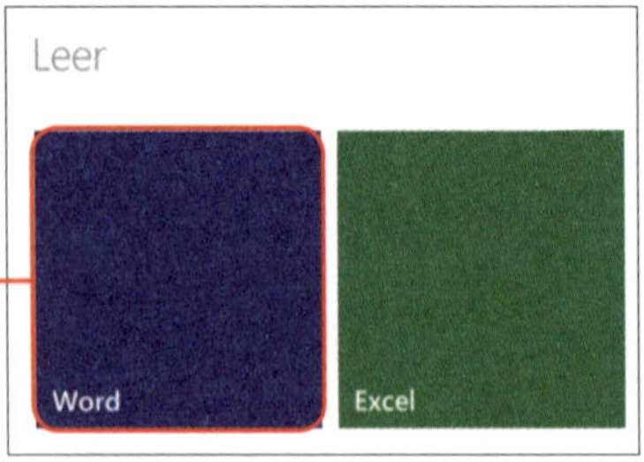

3 Windows Phone hat allerdings auch schon einige Vorlagen mit an Bord, die Ihnen viel Arbeit ersparen können, wenn Sie sie als Ausgangsbasis für Ihr eigenes Dokument nutzen. Um die verschiedenen Vorlagen in Augenschein zu nehmen, rollen Sie mit dem Finger nach oben über den Bildschirm Ihres Gerätes und tippen die gewünschte Vorlage dann einfach an. In der Liste mischen sich Word- und Excel-Vorlagen. Erstere erkennen Sie auf Anhieb an der blauen Farbe und dem kleinen Schriftzug in der Kachel.

Texte in Word eingeben

Schon nach wenigen Sekunden werden Sie beruhigt feststellen, dass jedwede Unsicherheit im Hinblick auf das mobile Word vollkommen fehl am Platze war: Word sieht auf dem mobilen Gerät fast genauso aus wie auf dem Rechner zu Hause.

1 Um die Stelle zu bestimmen, an der Sie Text eingeben möchten, tippen Sie einfach mit dem Finger dort auf den Bildschirm. Wie Sie es von Word auf Ihrem Rechner her kennen, sehen Sie die Eingabemarkierung auf dem Bildschirm: .

2 In der Standardeinstellung ist die Ansicht vor allem auf Übersicht ausgelegt, und daher sind die Buchstaben relativ klein und schwer zu entziffern, unabhängig von der Textgröße.

Um dies zu ändern, legen Sie Daumen und Zeigefinger nah beieinander auf den zu vergrößernden Bereich:

Wenn Sie die Finger dann voneinander wegbewegen, wird der Bereich zwischen den beiden Fingern „größer gezogen",

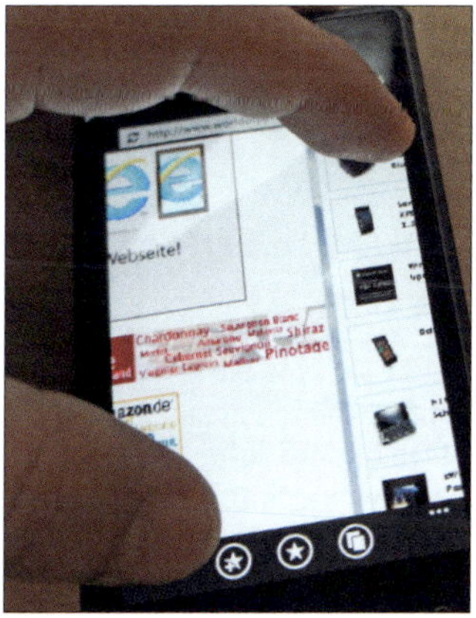

und die Buchstaben werden lesbar groß dargestellt.

3 Um Daten an der Position der **Einfügemarke** einzugeben, tippen Sie den Text einfach über die Bildschirmtastatur ein, wie Sie es auch zu Hause über eine normale Tastatur an Ihrem PC machen würden.

4 Zur Eingabe von Daten an einer Stelle, die Sie auf dem Bildschirm noch nicht sehen können, halten Sie den Finger auf den Bildschirm gedrückt und bewegen ihn darüber. Dadurch können Sie das aktuelle Dokument verschieben und - wie aus dem Hauptmenü gewohnt - Bereiche sichtbar machen, die vorher verdeckt waren.

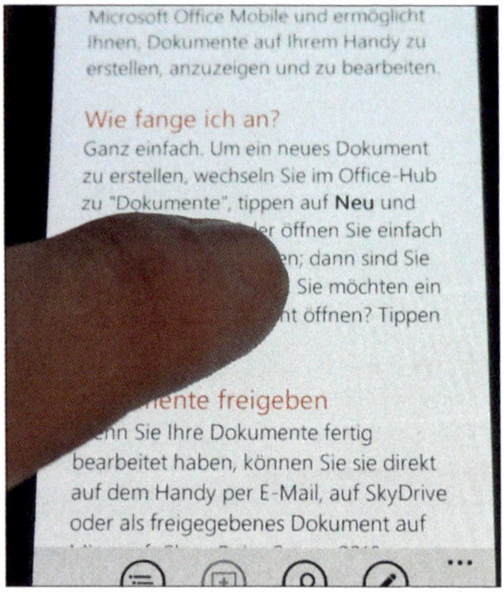

Die Zwischenablage nutzen

Stellen Sie sich vor, Sie finden im Internet eine interessante Passage, die Sie in ein Word-Dokument aufnehmen wollen. Da macht es wenig Sinn, diese abzutippen, denn Sie haben sie ja bereits auf dem Bildschirm Ihres Gerätes. Von Ihrem Rechner zu Hause kennen Sie die **Zwischenablage**, in die Objekte (wie zum Beispiel Text) aus einem Programm hineinkopiert und in ein anderes eingefügt werden können. Diese steht Ihnen bei Windows Phone ebenfalls zur Verfügung.

1 Rufen Sie wie gewohnt das Programm auf, in dem sich der zu kopierende Text befindet (zum Beispiel die Internetseite oder ein Word-Dokument), und tippen Sie dann mit dem Finger in den Text.

Das Wort, das Sie angetippt haben, wird blau hinterlegt und ist damit markiert. Um weiteren Text *vor* dem markierten Wort zu markieren, halten Sie den Finger auf der Startmarkierung ● und bewegen ihn nach links beziehungsweise oben. Halten Sie den Finger hingegen auf der Endmarkierung ●

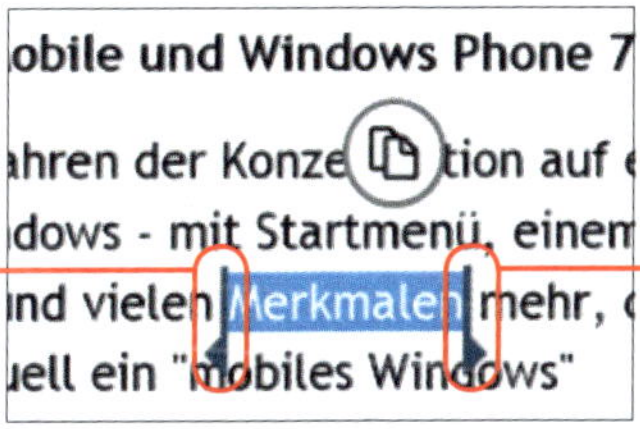

und bewegen ihn nach rechts beziehungsweise unten, lässt sich auch Text *nach* dem markierten Wort auswählen.

2 Um nun den blau markierten Text, im Beispiel ●,

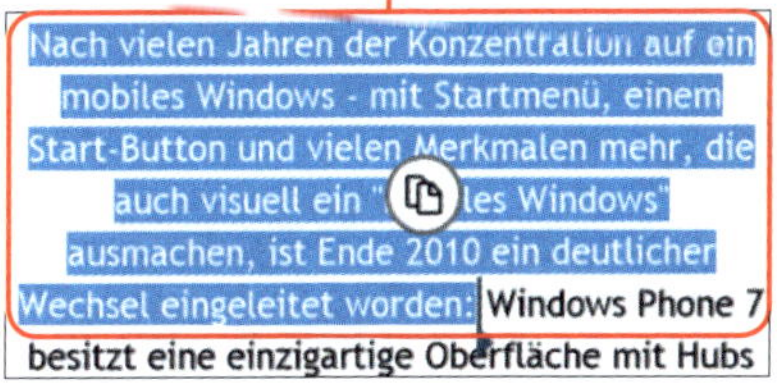

in die Zwischenblage zu kopieren, tippen Sie mit dem Finger auf das Symbol mit den beiden übereinanderliegenden Blättern, das im Bereich der Markierung erscheint: ●.

Der Text ist nun in der Zwischenablage gespeichert und kann von dort aus in ein anderes Programm eingefügt werden.

3 Öffnen Sie als Nächstes das Dokument, in dem Sie den gerade kopierten Text weiterverwenden wollen. Bewegen Sie wie gewohnt die Eingabemarkierung an die Stelle, an der der Text platziert werden soll, beispielsweise hier: ●.

4 Zwischen dem Eingabebereich für den Text und der Bildschirmtastatur befindet sich ein kleines Symbol, das wie eine Klemmmappe aussieht: ●.

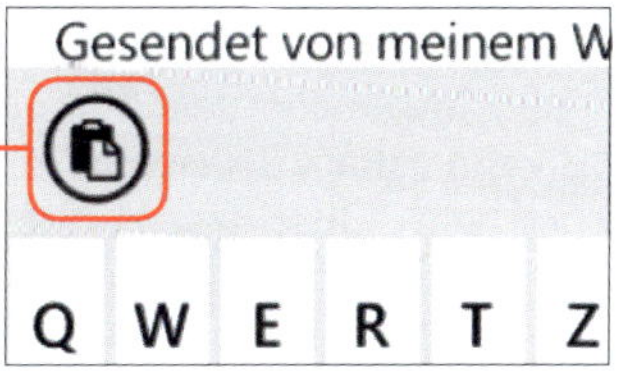

Per Fingertipp darauf wird der Inhalt der Zwischenablage an der aktuellen Position eingefügt, im Beispiel: ●.

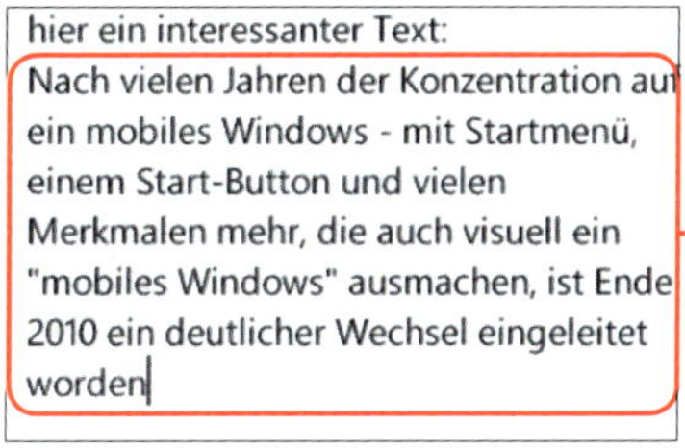

5 Nach dem ersten Einfügen bleibt der Inhalt der Zwischenablage noch erhalten, bis Sie das Gerät ausschalten oder neuen Inhalt in die Zwischenablage kopieren. Um diesen erneut einzufügen, wischen Sie mit dem Finger von ● nach rechts und verfahren dann wie im vorigen Schritt gezeigt.

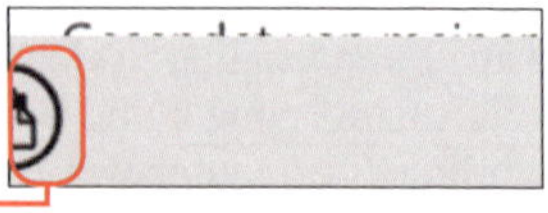

Zwischen Programmen wechseln

Wenn Sie Texte über die Zwischenablage (siehe vorigen Tipp) von einem anderen Programm in Ihr Word-Dokument kopieren möchten, dann hilft Ihnen eine neue Funktion von Windows Phone, das sogenannte „Multitasking“. Das bedeutet in diesem Fall: Wenn Sie aus einem Programm zurück in das Startmenü wechseln, wird das damit „verlassene“ Programm im Hintergrund geparkt. Durch Drücken der Zurück-Taste, die jedes Gerät ganz links unter dem Bildschirm besitzt, kann dann schrittweise zum jeweils vorigen Bildschirm zurück gewechselt werden. Weiterer Vorteil: Sie können zudem eine Liste aller Programme aufrufen, die sich im Hintergrund befinden, und zwischen diesen wechseln.

1 Halten Sie die Zurück-Taste ● links unter dem Bildschirm Ihres Gerätes einen Moment lang gedrückt.

Daraufhin öffnet sich eine Übersicht, in der die laufenden Programme als Miniaturansichten dargestellt werden.

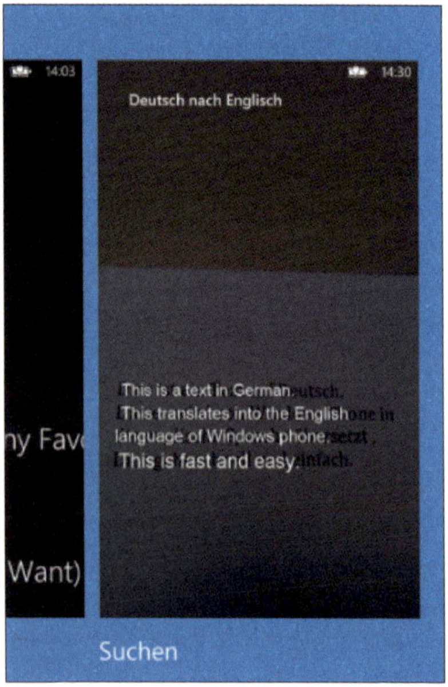

2 Wischen Sie jetzt mit dem Finger nach links oder rechts, um zu weiteren laufenden Programmen zu gelangen. Darunter sehen Sie immer den Namen des Programms, beispielsweise ●.

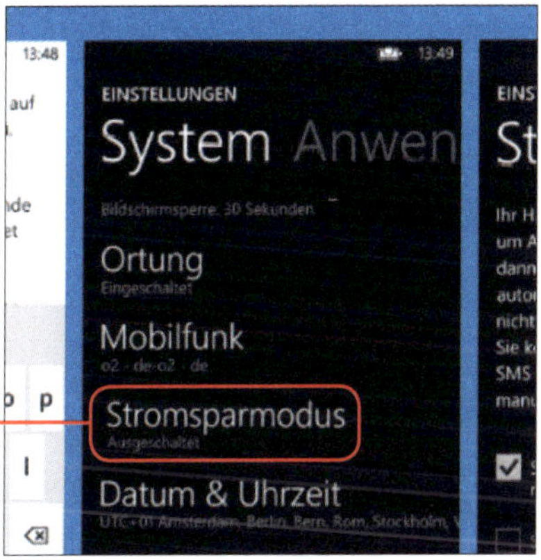

Durch einfaches Antippen können Sie zu diesem Programm wechseln.

3 Um ein Programm zu beenden, wechseln Sie, wie soeben gezeigt, zu diesem Programm und tippen dann links unter dem Bildschirm so lange auf die Zurück-Taste ●,

bis dieses verlassen wird und Ihr Gerät automatisch zu einem anderen laufenden Programm wechselt.

Text formatieren

Je klarer ein Dokument strukturiert ist, desto schneller finden Sie sich gerade auf dem kleinen Bildschirm eines mobilen Gerätes zurecht. Es lohnt sich daher, ein wenig Zeit in die Formatierung des Textes zu stecken.

1 Legen Sie ein neues Word-Dokument an, oder öffnen Sie ein bestehendes. Wie üblich müssen Sie den Bereich, den Sie **formatieren** wollen, erst einmal markieren. Gehen Sie dazu so vor, wie in den Schritten 1 und 2 auf Seite 86/87 beschrieben.

2 Um den markierten Bereich zu formatieren, tippen Sie nun rechts unten auf den Pinsel ●. Daraufhin öffnet sich das Einstellungsmenü.

! Vor dem Markieren unbedingt Tastatur schließen

Sollte die Bildschirmtastatur in dem Moment, da Sie etwas markieren möchten, noch auf dem Bildschirm sichtbar sein, dann schließen Sie sie unbedingt durch ein Tippen auf die Taste ●. Andernfalls glaubt Word, Sie wollten weitere Daten eingeben, und akzeptiert das Markieren einfach nicht.

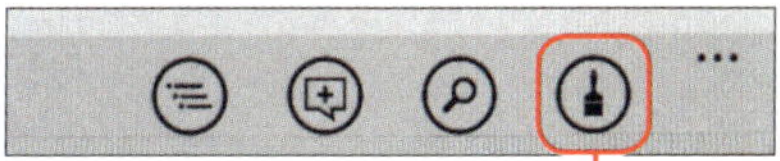

3 In der oberen Hälfte der Formatierungsoptionen können Sie einige Schrift- und Darstellungsformate wählen, die sich dann direkt auf den markierten Bereich anwenden lassen. Tippen Sie auf ●, damit der Text **fett** gedruckt dargestellt wird, auf ●, um ihn *kursiv* zu stellen,

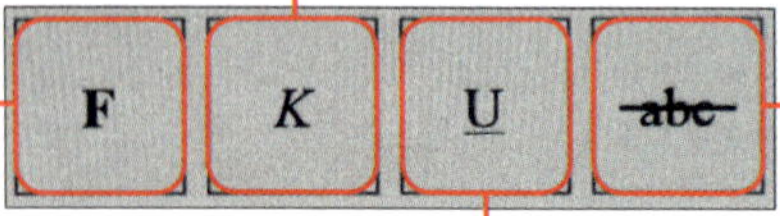

oder auf ●, um ihn zu unterstreichen. Wenn Sie den Text ~~durchstreichen~~ wollen, tippen Sie auf ●. Natürlich sind auch Kombinationen dieser Attribute möglich.

4 Um die Schriftgröße des markierten Bereiches zu vergrößern, tippen Sie auf ●, um sie zu verkleinern auf ●.

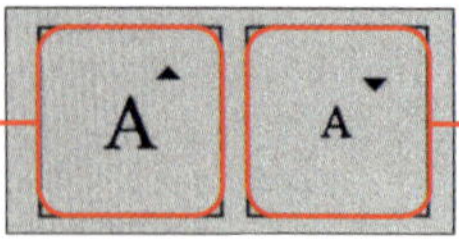

5 In der unteren Hälfte der Formatierungsoptionen haben Sie die Möglichkeit, Ihrem Text ein wenig Farbe zu verpassen. Hier ● können Sie die Schriftfarbe des markierten Bereichs festlegen, indem Sie das gewünschte Farbfeld antippen. Demgegenüber lässt sich in der Sektion darüber ●

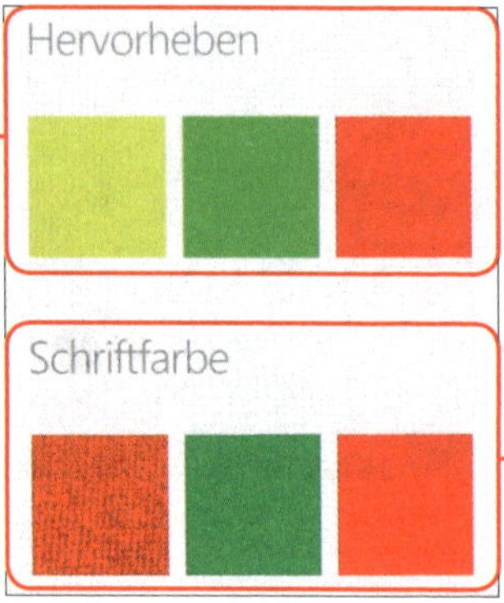

per Fingertipp festlegen, welche Farbe der Hintergrund des Textes haben soll. Das sieht dann also so aus, als würden Sie einen Textmarker verwenden.

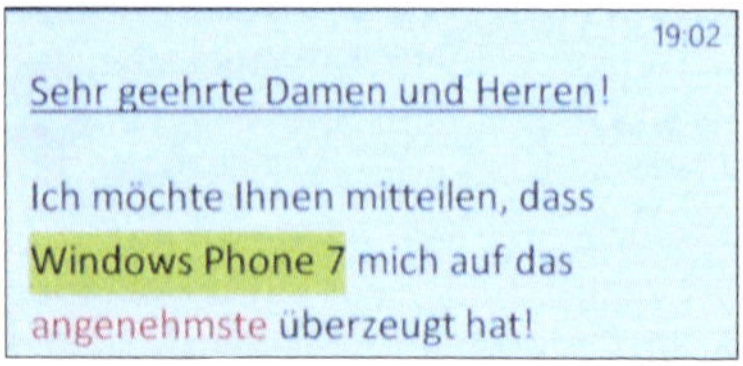

Ein Dokument speichern

Nachdem Sie nun eine Menge Arbeit und Ideen in die Gestaltung Ihres Dokuments investiert haben und es lesbar und schön gemacht haben, sollten Sie es dringend speichern.

1 Um die Liste der möglichen Speicherverfahren zu öffnen, tippen Sie auf die drei kleinen Punkte unten rechts

.

Wenn Sie die zu speichernde Datei bereits auf dem Gerät hatten und sie nur zur Bearbeitung geöffnet haben, dann tippen Sie als Nächstes einfach auf ●.

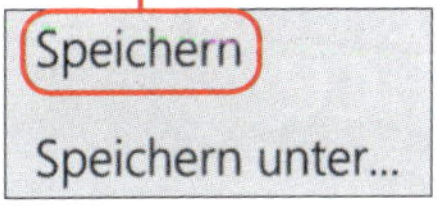

Die Datei wird dann unter demselben Namen am selben Ort, an dem sie geöffnet wurde, gespeichert.

2 Haben Sie die Datei hingegen neu angelegt oder wollen Sie sie unter einem anderen Namen (oder an einem anderen Speicherort) sichern, dann tippen Sie stattdessen auf

.

Im sich öffnenden Fenster tippen Sie dann auf ● und geben den Namen des Dokuments wie gewohnt über die Bildschirmtastatur ein.

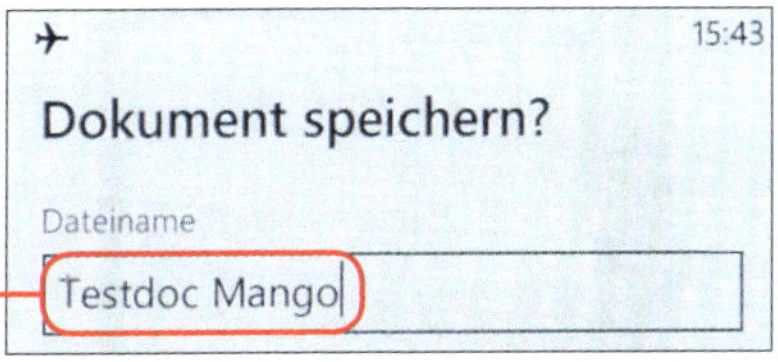

3 Um gegebenenfalls den Speicherort zu ändern, tippen Sie mit dem Finger auf ●

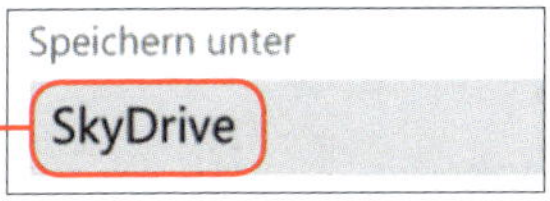

und wählen dann ●, um das Dokument auf Ihrem Windows Phone-Gerät lokal zu speichern,

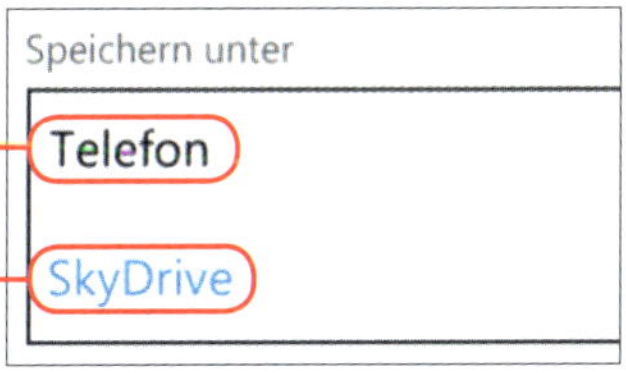

oder ●, um es auf Ihrer Internetfestplatte SkyDrive (siehe Seite 72) abzulegen.

SkyDrive oder Telefon?

Wenn Sie Word-Dokumente in einem geschützten Bereich im Internet ablegen, ist dies ausgesprochen hilfreich: Sie können mit verschiedenen Geräten darauf zugreifen, haben Ihre Daten immer zur Verfügung und müssen sich nie wieder den Kopf darüber zerbrechen, ob Sie schon eine Sicherheitskopie Ihrer Daten angelegt haben oder nicht. Ein Windows Live-Konto haben Sie so oder so – und damit auch den Speicherplatz Ihrer Internetfestplatte SkyDrive. Deshalb ist es sinnvoll, die auf Ihrem Windows Phone angelegten Office-Dateien (also auch Ihre Word-Dokumente) auf dem SkyDrive zu speichern.

4 Nachdem Sie sich für einen Speicherort entschieden haben, brauchen Sie nur noch auf

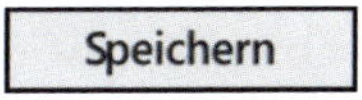

zu tippen, damit die Datei dann wunschgemäß gesichert wird. Beim nächsten Start des Office Hubs finden Sie die Datei dann im Dokumente-Bildschirm als eigene, neue Kachel, im Beispiel ●.

5 Beim ersten Speichern einer Datei auf dem SkyDrive werden Sie nach Ihrem Benutzernamen gefragt.

Dies ist *nicht* der Name Ihres Windows Live-Kontos, sondern ein frei wählbarer Name, der Ihren Kommentaren vorangestellt wird. Geben Sie ihn über die Bildschirmtastatur ein, und speichern Sie ihn anschließend per Fingertipp auf

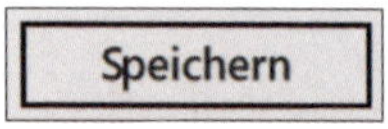

.

Dokumente vom SkyDrive öffnen

Auf einem mobilen Gerät wie Windows Phone 7 werden Sie ein neues Dokument eher selten anlegen. Stattdessen müssen Sie meist ein bereits vorhandenes Dokument, das sich entweder schon im Office Hub oder auf Ihrem Windows Live SkyDrive befindet, öffnen und bearbeiten.

1 Sollte das Dokument bereits auf Ihrem Gerät und damit im Office Hub sein, dann öffnen Sie es, wie auf Seite 82/83 beschrieben. Wenn sich das Dokument noch auf dem Windows Live SkyDrive befindet, wischen Sie auf der Dokumente-Übersicht

einmal mit dem Finger nach links über den Bildschirm, bis die Übersicht der Speicherorte auftaucht. Tippen Sie darin auf den Eintrag ●.

2 Auf dem Bildschirm Ihres Windows Phones erscheint nun eine Liste aller Ordner und Dateien, die Sie auf Ihrem Windows Live SkyDrive gespeichert haben. Durch Wischen mit dem Finger können Sie wie gewohnt nach oben und unten navigieren. Tippen Sie mit dem Finger erst den Ordner an, in dem sich das Dokument befindet, etwa ●,

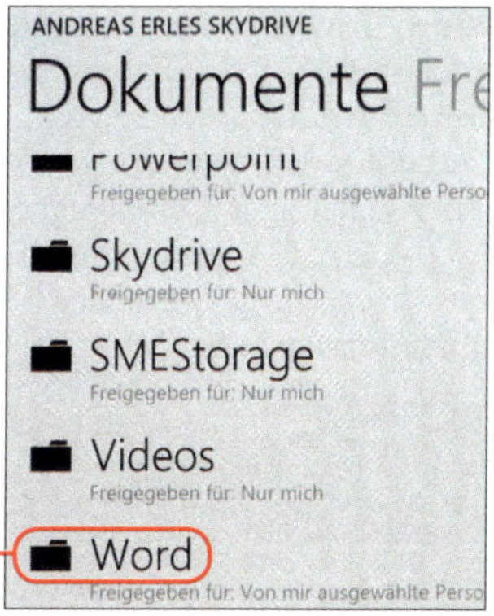

und dann das Dokument selbst, im Beispiel ●.

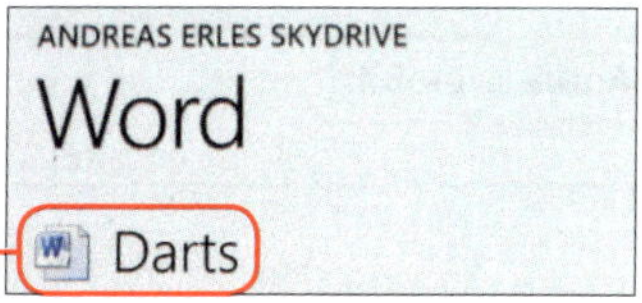

3 Damit Sie das entsprechende Dokument nun bearbeiten können, tippen Sie unten rechts auf dem Bildschirm auf den kleinen Stift: ●.

Kommentare einfügen

Gerade wenn Sie mit mehreren anderen Anwendern an einem Word-Dokument arbeiten, kann es wichtig sein, dieses nicht nur zu verändern, sondern einzelne Textpassagen mit Kommentaren zu versehen, die die anderen dann lesen und auf die sie gegebenenfalls reagieren können. Auch hierfür bietet Ihnen Word auf Ihrem Windows Phone die entsprechenden Hilfsmittel.

Kommentare einfügen

1 Öffnen Sie wieder das zu kommentierende Word-Dokument, und markieren Sie den Bereich (siehe Seite 87), zu dem Sie einen Hinweis geben wollen. Um nun einen neuen Kommentar einzugeben, tippen Sie unten auf dem Bildschirm Ihres Gerätes auf das kleine Sprechblasensymbol ●.

2 Im sich öffnenden Eingabefeld ist Ihr Benutzername bereits automatisch eingetragen, im Beispiel ●.

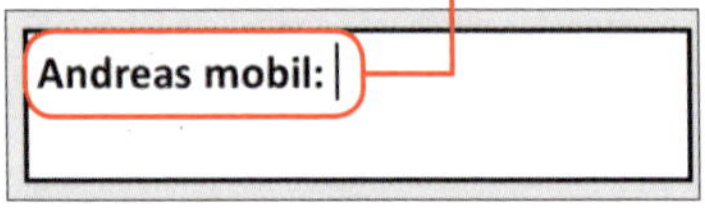

Wenn Sie diesen nicht im Kommentar belassen wollen, können Sie ihn löschen, indem Sie auf der Bildschirmtastatur wiederholt die Taste ● drücken.

3 Um jetzt zu einem Sachverhalt Stellung zu beziehen, geben Sie Ihren Kommentar wie gewohnt über die Bildschirmtastatur ein

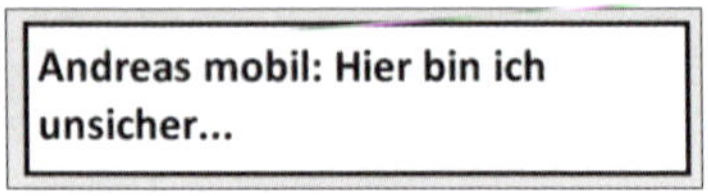

und bestätigen die Eingabe einfach, indem Sie auf eine Stelle außerhalb des Feldes tippen.

4 An der kommentierten Textstelle erscheint als Hinweis auf einen dort hinterlegten Kommentar eine kleine, Sprechblase, etwa ●.

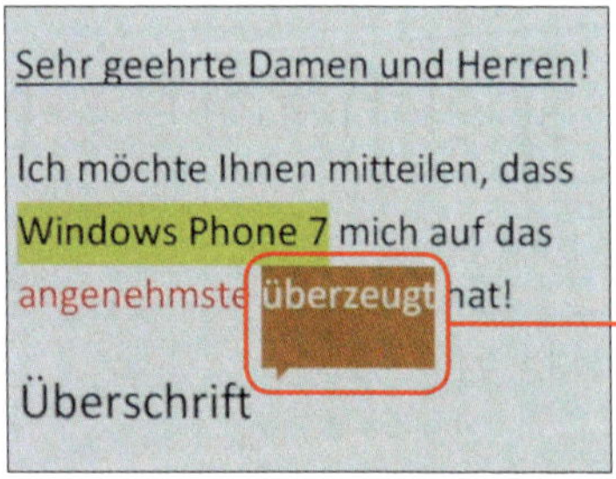

Tippen Sie darauf, damit der Kommentar angezeigt wird.

5 Wird das Dokument nun auf einem PC geöffnet, ist die Kommentarmarkierung darin natürlich ebenfalls zu finden.

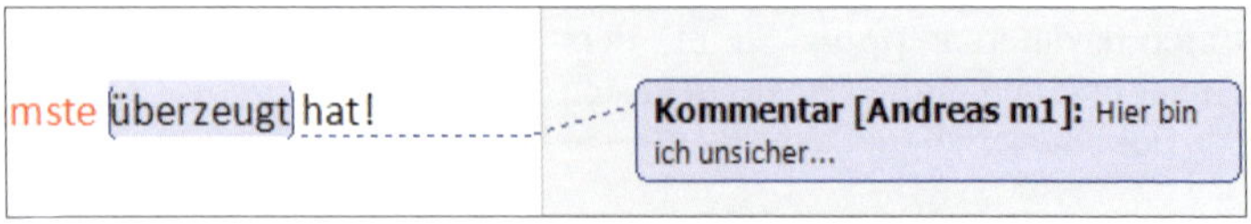

Am Rand des Dokuments sehen Sie dann in einer Sprechblase den Verfasser des Kommentars, hier ●, und den Kommentar selbst, etwa ●.

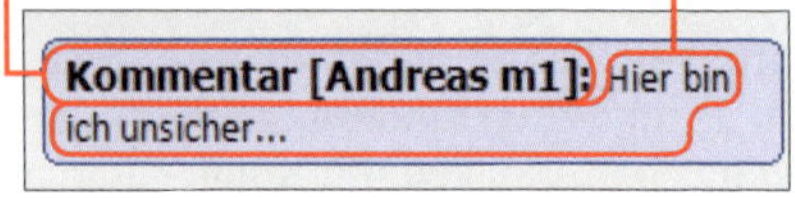

6 Um einen Kommentar zu löschen, lassen Sie ihn sich anzeigen und tippen dann erst auf die drei Punkte ●.

Anschließend brauchen Sie dann nur noch den Befehl ●

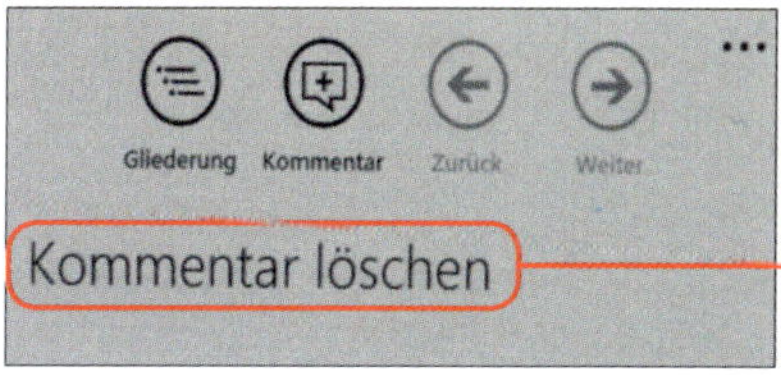

anzutippen, damit ein Kommentar, der Ihnen im Nachhinein vielleicht doch nicht mehr gefällt, gelöscht wird.

8 Automatische Felder in Dokumenten nutzen

Mit den sogenannten **Feldfunktionen** können Sie variable Texte, Bilder, Formeln und auch Druckanweisungen in Ihre Texte einbinden. So ist es beispielsweise möglich, immer das aktuelle Datum und die Uhrzeit - auch für den letzten Ausdruck die letzte Dokumentensicherung - zu ergänzen. Darüber hinaus können Sie mithilfe von Feldfunktionen auch komfortabel Stichwortverzeichnisse erstellen.

Was sich mit Word-Feldern alles anstellen lässt, verstehen Sie besser, wenn Sie hinter die Fassade der Funktionen gucken. Die treten in Ihren Texten zumeist nur in Form der Feld*ergebnisse* in Erscheinung. Aber diese Ergebnisse - ob nun kurz wie ein Datum oder lang wie ein Stichwortverzeichnis - haben ein Innenleben. Wie Sie es sichtbar machen und Änderungen an der jeweils zugrunde liegenden Feldfunktion vornehmen, wie sich solche Änderungen im Feldergebnis zeigen und wie Sie die Ergebnisse rasch auf den neuesten Stand bringen, sind wichtige Aspekte dieses Kapitels. Zudem wird Ihnen hier gezeigt, wie Sie über Feldfunktionen nicht nur Informationen ins Dokument übernehmen, sondern auch vom Text aus Dokumenteigenschaften eingeben.

Kapitel-Wegweiser

Feldfunktionen einfügen

Die einfachste Variante, Feldfunktionen in ein Dokument aufzunehmen, bietet das **Menüband**. Dabei haben Sie die Wahl zwischen vielen unterschiedlichen Funktionen.

1 Um zum Beispiel das Datum einzufügen, an dem das Dokument das letzte Mal ausgedruckt wurde, klicken Sie als Erstes auf die Stelle im Text, an der die Feldfunktion später angezeigt werden soll. Klicken Sie danach im Menüband auf den Registerreiter .

Im Bereich folgt ein Mausklick auf das Symbol

und in der dann aufgeklappten Liste auf den Eintrag .

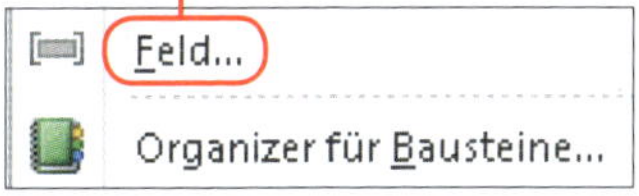

Daraufhin erscheint das Auswahlfenster für die Feldfunktionen.

2 Nun können Sie sich die verschiedenen Feldfunktionen anzeigen lassen. Öffnen Sie dazu per Klick auf den Pfeil die entsprechende Liste, und wählen Sie dann die gewünschte Kategorie mit einem Mausklick aus, zum Beispiel .

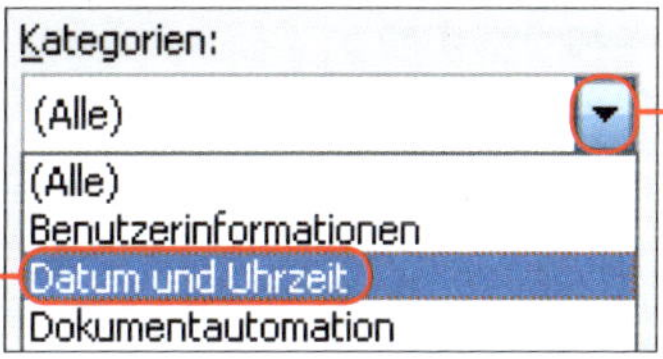

3 Anschließend werden im Auswahlkasten darunter die Verwendungsmöglichkeiten für das Datum sichtbar. Wenn Sie beispielsweise den Eintrag wählen, wird immer das Datum, an dem das Dokument erstellt wurde, eingefügt. Soll hingegen das aktuelle Speicherdatum eingefügt werden, klicken Sie auf den Eintrag .

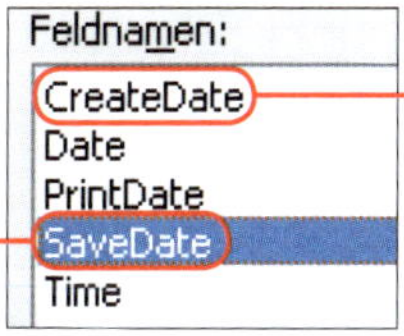

4 In vielen Fällen ist es wichtig zu wissen, ob und wann das Dokument ausgedruckt wurde. Um diese Information einzufügen, markieren Sie die Option .

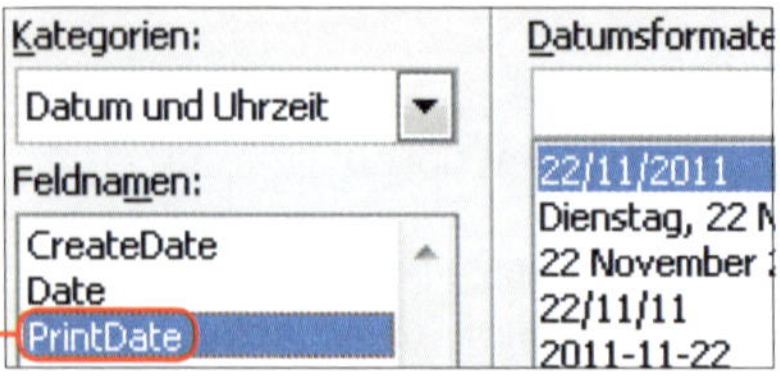

Im rechten Teil des Auswahlfensters können Sie dann das Datumsformat bestimmen, im Beispiel per Klick auf

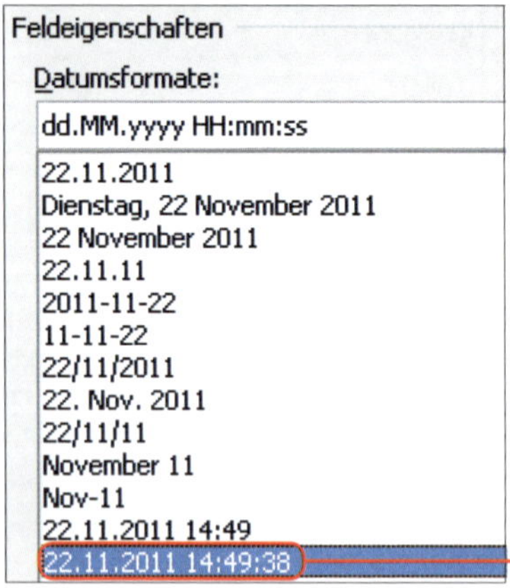

Sobald Sie Ihre Entscheidung mit

bestätigt haben, erscheint das Datum an der Zeigerposition im Text.

Dieses Datum wird künftig jedes Mal automatisch aktualisiert, wenn Sie das Dokument drucken.

5 Anders sieht die Situation aus, wenn Sie über das Dialogfenster „Feld“ in der Kategorie

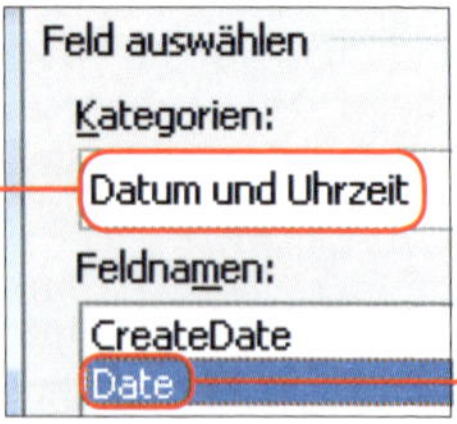

eine Feldfunktion fürs aktuelle Datum ins Dokument aufnehmen. Dieses Feld können Sie auch manuell aktualisieren. Klicken Sie das Datum einfach an, sodass es markiert ist. Oberhalb des Datums erscheint anschließend ein Hinweis mit einem roten Ausrufezeichen: .

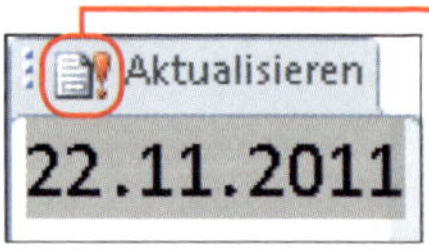

Ein Mausklick darauf genügt, damit das Datum aktualisiert wird.

6 Und wenn Sie irgendwann nicht mehr wollen, dass sich das Datum automatisch aktualisiert? Kein Problem. Markieren Sie das Datum per Mausklick, und drücken Sie jetzt die **Tastenkombination** Strg und F11. Danach wird das Ausrufezeichen grau , was signalisiert, dass Sie die automatische Aktualisierung abgeschaltet haben.

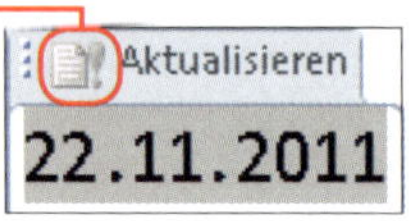

Feldfunktionen per Tastatur einfügen

Wie Sie im letzten Tipp gesehen haben, können Sie über das Menüband von Word komfortabel auf alle Feldfunktionen zugreifen. Wenn Sie jedoch nur einige Funktionen verwenden, geht das Einfügen per Tastatur weitaus schneller. Sie müssen lediglich die entsprechenden Namen der Feldfunktionen im Kopf haben.

1 Damit nur das aktuelle Datum in einem Feld angezeigt wird, klicken Sie an die Stelle im Text, an der das Datum erscheinen soll. Danach drücken Sie die Taste [Strg], halten diese gedrückt und drücken die Taste [F9]. Sofort erscheint das Zeichen für eine Feldfunktion, das aus zwei geschweiften Klammern besteht:

{ }

2 In diese beiden Klammern schreiben Sie dann den gewünschten Befehl. Tippen Sie zum Beispiel „Date" (engl. für Datum) zwischen die beiden Klammern ein:

{ Date }

Sobald Sie danach die Taste [F9] drücken, wird das Feld aktualisiert beziehungsweise in eine Feldfunktion umgewandelt. Drücken Sie anschließend die Taste [Alt], halten Sie sie gedrückt, und drücken Sie dann wieder [F9]. Daraufhin erscheint an dieser Stelle das aktuelle Datum.

30.11.2011

3 Auf die gleiche Weise können Sie auch ein Datum einfügen, das bei jeder Speicherung aktualisiert wird. Sie müssen eben nur anstelle von „Date" zwischen die geschweiften Klammern „SaveDate" schreiben. Fügen Sie also, wie in Schritt 1 gezeigt, als Erstes die geschweiften Klammern mit der Tastenkombination [Strg] und [F9] ein, tippen Sie dann zwischen die Klammern

{ SaveDate }

ein, und drücken Sie danach wieder [F9] und anschließend die Tastenkombination [Alt] und [F9]. Schon wird als Feldergebnis das Speicherdatum angezeigt.

4 Mit derselben Tastenkombination [Alt] und [F9] können Sie auch wieder zur Anzeige der Feldfunktionen umschalten. Wenn zum Beispiel gerade das Datum zu sehen ist und Sie die genannte Tastenkombination drücken, wird die Feldfunktion für das Datum angezeigt.

{ SaveDate }

Drücken Sie Tastenkombination noch einmal, sehen Sie wieder das Datum.

5 Und falls Sie nur mal eben das Datum brauchen, können Sie es an jeder Stelle des Textes sofort mit einer Tastenkombination einfügen. Positionieren Sie die Einfügemarke per Mausklick an der gewünschten Stelle, und drücken Sie dann gleichzeitig die Tasten Alt, ⇧ und D. Umgehend erscheint das aktuelle Datum.

30.11.2011

Sollte stattdessen jedoch die Feldfunktion, im Beispiel also ●,

{ SAVEDATE \@ "dddd, d. MMMM yyyy" * MERGEFORMAT }

angezeigt werden, müssen Sie nur noch die Ansicht mit Alt und F9 umschalten.

6 Wenn Sie mehrere Feldfunktionen in einem längeren Text haben, können Sie diese zwar mit der Tastenkombination Alt und F9 anzeigen lassen. Die Suche nach einer bestimmten Funktion kann dann allerdings mühsam werden. In diesem Fall drücken Sie einfach die Taste F11. Damit springen Sie sofort zur nächsten Feldfunktion im Text, die auch direkt markiert wird.

Feldfunktion und Normalansicht gleichzeitig vor Augen

Wenn Sie direkt sehen möchten, welche Auswirkungen eine Änderung bei einer Feldfunktion hat, brauchen Sie das Dokument nur zu teilen. Dann können Sie sofort erkennen, was passiert, wenn Sie beispielsweise Änderungen bei den Variablen der Datumsanzeige vornehmen.

1 Damit das Dokumentfenster geteilt wird, klicken Sie im Menüband als Erstes auf den Registerreiter

und anschließend im Bereich ●

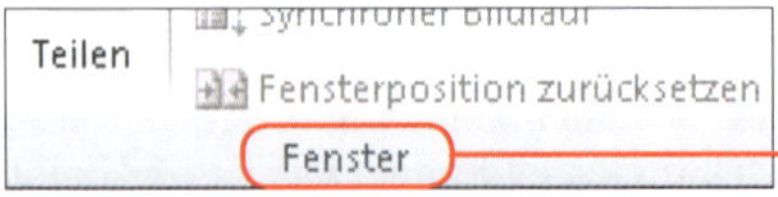

auf den Eintrag ●.

2 Daraufhin wird Ihr Dokument in der Mitte der Anzeige horizontal geteilt. Diesen Teiler ●

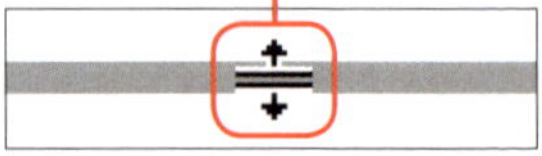

können Sie mit der Maus bewegen beziehungsweise verschieben. Dabei brauchen Sie nicht zu klicken, denn der Teiler folgt Ihrer Mausbewegung automatisch. Klicken Sie an die gewünschte

Stelle im Text, wird er dort mit einem Balken ● geteilt.

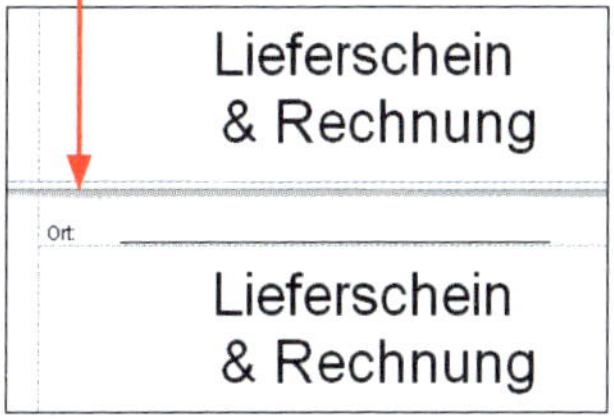

3 Die Anzeige beziehungsweise den sichtbaren Ausschnitt beider Textteile können Sie jetzt unabhängig voneinander verändern. Dazu dient zum einen das Mausrad.

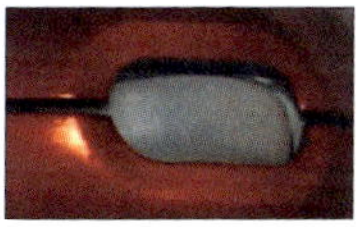

Zum anderen können Sie aber auch die Rollbalken verwenden, die für jedes Teilfenster erscheinen: ●.

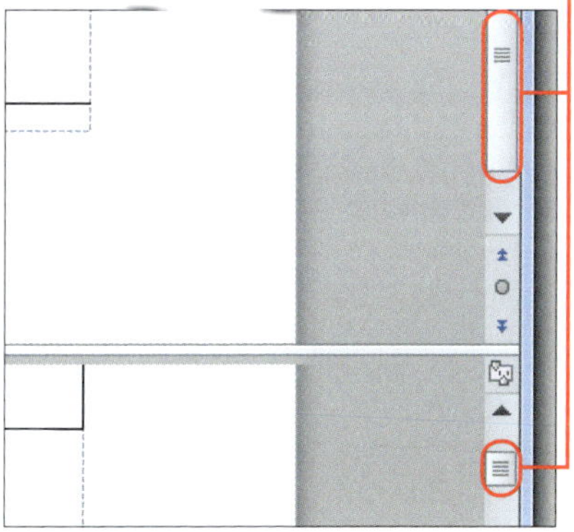

Verschieben Sie die Anzeige in beiden Teilbereichen jetzt so, dass das gewünschte Feld in beiden Fenstern sichtbar wird: ●.

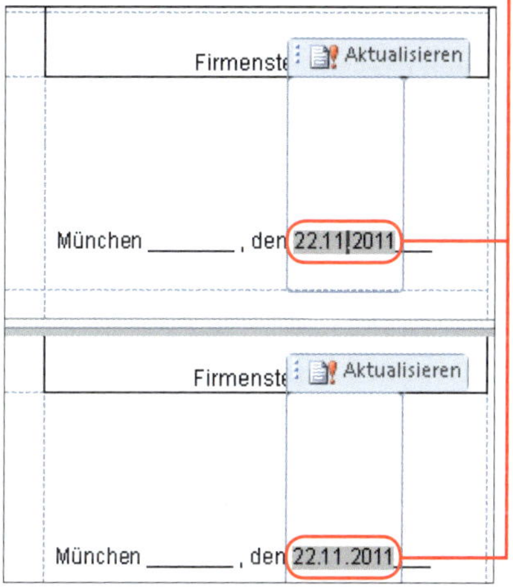

4 Nun können Sie die Anzeige der Feldfunktion in dem einen Fenster einschalten. Dazu klicken Sie in das Teilfenster und drücken dann die Tastenkombination [Alt] und [F9]. Anschließend wird die Ansicht in diesem Fenster umgeschaltet: Sie zeigt nun die Funktion des Feldes ● an. Die Ansicht des anderen Fensters ●

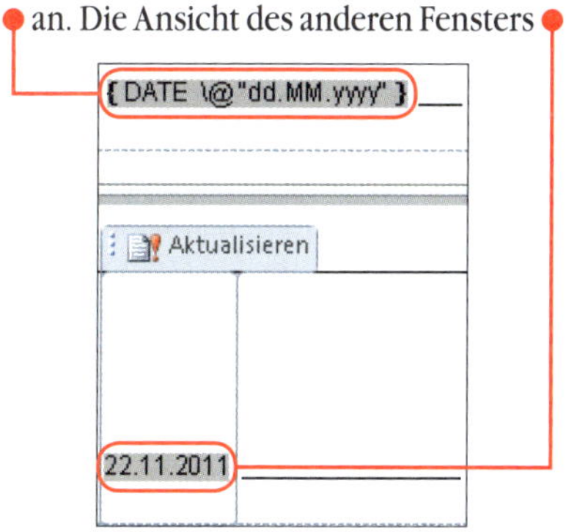

stellt aber weiterhin das Feldergebnis dar. Wenn Sie die Feldfunktion jedoch ändern, etwa die Variablen für die Datumsanzeige ●, wird die Änderung im unteren Feld sofort angezeigt, hier ●.

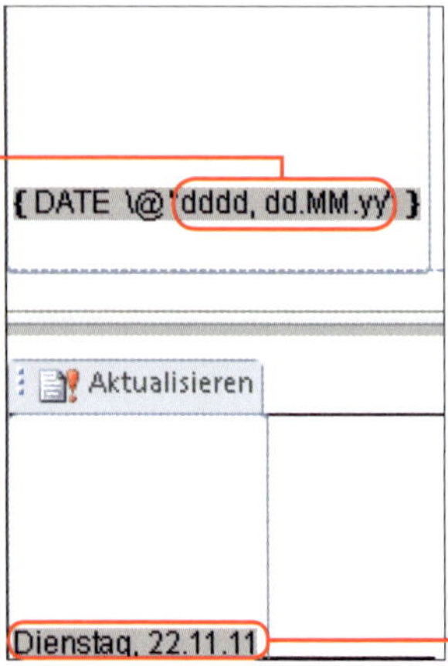

5 Möchten Sie die Bildschirmteilung wieder aufheben, klicken Sie, wie in Schritt 1 gezeigt, erst auf den Registerreiter

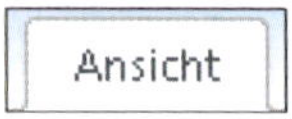

und dann auf den Eintrag ●.

Daraufhin ist alles wieder wie vorher. Nur die Änderung, die Sie an der Feldfunktion vorgenommen haben, bleibt natürlich erhalten.

Stichwortverzeichnis im Dokument anlegen

Bei einem längeren Text - zum Beispiel einem Buch - freut sich der Leser in der Regel über ein Stichwortverzeichnis, das es ihm ermöglicht, ganz gezielt bestimmte Stellen ausfindig zu machen. Wie praktisch, dass Word Ihnen dabei hilft, über Feldfunktionen jene Wörter zu kennzeichnen, die ins Stichwortverzeichnis aufgenommen werden sollen. Dieser Vorgang wird als „indizieren" bezeichnet. Auf Basis dieser indizierten Begriffe können Sie wiederum mit einer Feldfunktion - üblicherweise am Ende des Dokuments - das Stichwortverzeichnis beziehungsweise den sogenannten Index einfügen. Im Index sind dann die zuvor indizierten Begriffe alphabetisch sortiert und mit der Seitenzahl versehen, auf der der Leser den gesuchten Begriff findet. Vor allem beim Umgang mit wissenschaftlichen Texten ist dies für den Leser eine unschätzbare Erleichterung. Und auch der Verfasser kann sich freuen: Während früher das Anlegen eines Stichwortverzeichnisses mit erheblicher Mehrarbeit verbunden war, kann nun in Word der Index ganz einfach generiert werden.

1 Um später ein Stichwortverzeichnis anlegen zu können, müssen Sie zunächst die Begriffe **markieren**, die in den Index aufgenommen werden sollen. Hierzu weisen Sie ihnen eine Feldfunktion zu. Dafür hat Word einen eigenen Menübefehl.

Markieren Sie den Begriff, der ins Stichwortverzeichnis aufgenommen werden soll, im Dokument zunächst mit einem Doppelklick.

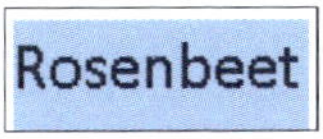

2 Klicken Sie anschließend im Menüband auf den Registerreiter

und dort im Bereich ● auf das Symbol ●.

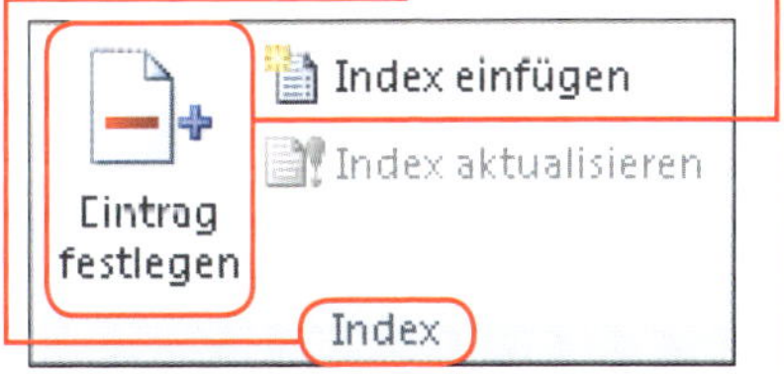

3 Daraufhin öffnet sich das Fenster für die Indexeinträge, in dem der zuvor markierte Begriff schon ins Feld ● übernommen wurde.

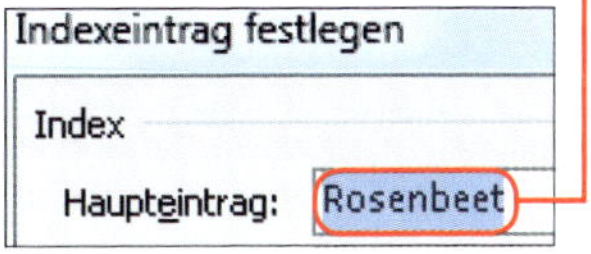

Wenn Sie diesen Eintrag per Mausklick auf die Schaltfläche

bestätigen, wird der Begriff auf dieser Dokumentseite für die spätere Aufnahme in den Index mit einer unsichtbaren Feldfunktion gekennzeichnet.

4 Sie können sich die Arbeit aber noch weiter vereinfachen, denn zumeist kommen wichtige Begriffe, die Sie in den Index aufnehmen wollen, im Dokument ja öfter vor. Im Dialogfenster haben Sie daher die Möglichkeit, alle Stellen, an denen der Begriff im Dokument genannt wird, auf einen Schlag zu indizieren. Damit alle identischen Schreibweisen des Worts auf einen Schlag auch auf anderen Seiten für das Stichwortverzeichnis indiziert werden, klicken Sie stattdessen auf die Schaltfläche

.

5 Aber das Dialogfenster bietet Ihnen noch mehr Möglichkeiten, die Sie übrigens auch nacheinander nutzen können, da das Fenster auch nach dem Festlegen-Klick geöffnet bleibt.

So können Sie zu dem markierten Begriff ein weiteres Stichwort für den Index eingeben, unter dem der Leser die Stelle vielleicht eher sucht. Markieren Sie einfach den Begriff im Eingabefeld mit einem Doppelklick, etwa ●,

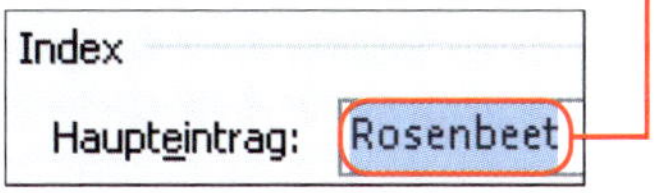

überschreiben Sie ihn dann mit einem anderen Stichwort, hier ●,

und bestätigen Sie mit

.

6 Und noch eine Möglichkeit bietet das nach wie vor geöffnete Dialogfenster: Sie können zu den Hauptbegriffen noch Untereinträge erstellen, um die Fundstelle zu konkretisieren. Wenn Sie eine Erklärung zu dem Begriff ergänzen wollen, tippen Sie diese einfach in das Textfeld unter dem Haupteintrag, beispielsweise ●.

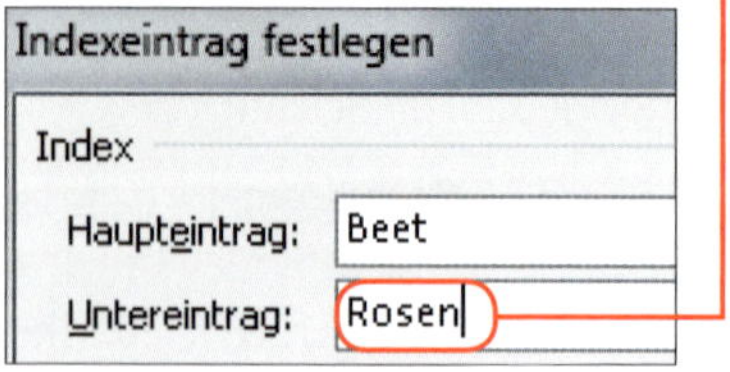

Wieder klicken Sie auf die Schaltfläche

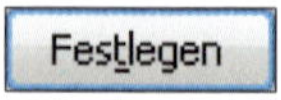

,

um den Eintrag zu bestätigen

7 Wie Sie sehen, bleibt das Dialogfenster „Indexeintrag festlegen" ununterbrochen geöffnet. Dies hat einen großen Vorteil: Sie können mit einem Mausklick in den Text das Dokument aktivieren und sich dann frei darin bewegen, ja sogar Änderungen im Text vornehmen. Vor allem aber können Sie Wörter markieren und dann direkt indizieren. Hierfür brauchen Sie lediglich im ständig geöffneten Dialogfenster jeweils auf die Schaltfläche

zu klicken.

8 Wenn Sie das Dialogfenster nicht mehr brauchen oder es Sie bei Ihrer Arbeit stört, klicken Sie ganz einfach auf

.

Während der Arbeit im Text können Sie das Dialogfenster „Indexeintrag festlegen" bei Bedarf übrigens sehr schnell mit einer Tastenkombination wieder öffnen: Drücken Sie dazu einfach, nachdem Sie den Begriff markiert haben, die Tasten [Alt], [⇧] und [X].

9 Wie bereits erwähnt, sind die Indexeinträge im Dokument nicht sichtbar. Die Feldfunktionen, die später dafür sorgen, dass die markierten Begriffe im Stichwortverzeichnis aufgenommen werden, können Sie aber anzeigen. Im Unterschied zu normalen Feldfunktionen, deren Anzeige mit der Tastenkombination [Alt] und [F9] ein- und ausgeschaltet werden kann, blenden Sie die Index-Feldfunktionen durch die Anzeige der nicht sichtbaren Zeichen ein. Klicken Sie also entweder im Menüband

im Bereich ● auf das Symbol ●,

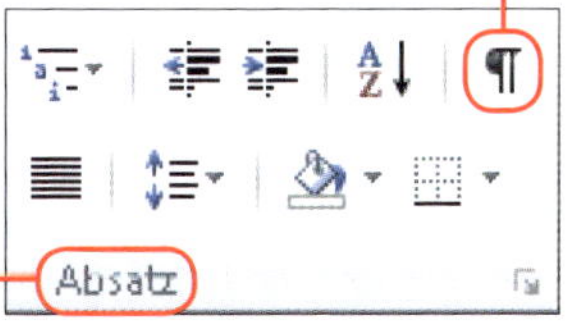

oder drücken Sie gleichzeitig die Tasten [Strg], [⇧] und [*], um die unsichtbaren Formatierungszeichen ein- und später wieder auszuschalten.

10 Solange die unsichtbaren Zeichen eingeschaltet sind, sehen die Index-Felder im Text so aus: ●.

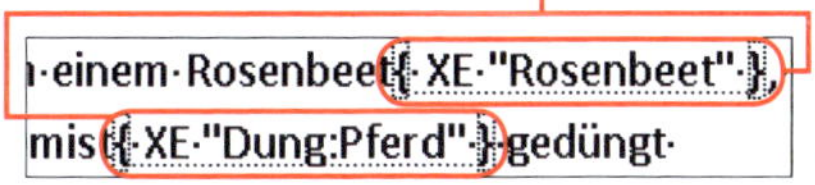

In diesen sichtbaren Index-Feldern können Sie jetzt auch noch Änderungen vornehmen, indem Sie die Einfügemarke in die Feldfunktion setzen ●

und dann beispielsweise, getrennt durch einen Doppelpunkt ●,

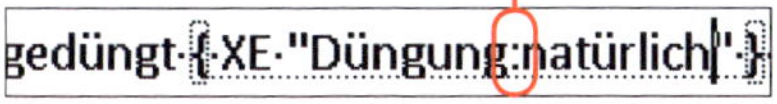

Untereinträge angelegen oder Rechtschreibfehler berichtigen.

11 Wenn Sie im Dokument alle Begriffe markiert haben, die ins Stichwortverzeichnis aufgenommen werden sollen, ist es ganz einfach, den Index zu erstellen. Klicken Sie als Erstes unterhalb Ihres Textes an die Stelle, an der der Index erscheinen soll. Klicken Sie dann wieder im Menüband auf

und anschließend im Bereich ● auf den Eintrag ●.

Daraufhin wird das Einstellungsfenster für den Index geöffnet.

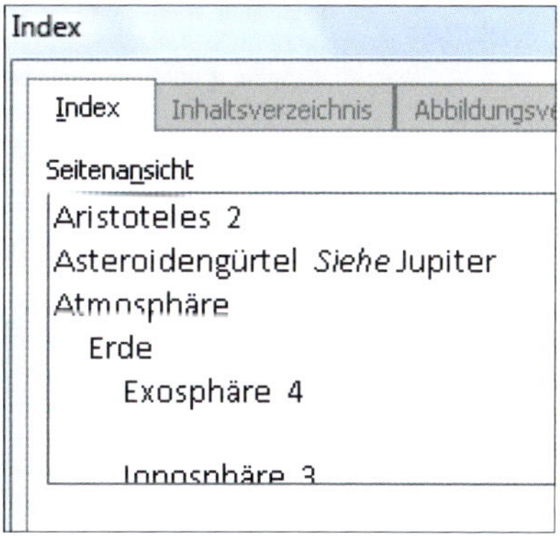

12 Hier können Sie das Erscheinungsbild des Indexes genau festlegen. Setzen Sie per Klick beispielsweise auf ●

ein Häkchen, sehen Sie im Beispielindex, dass die Seitenzahlen am Seitenrand angeordnet werden: ●.

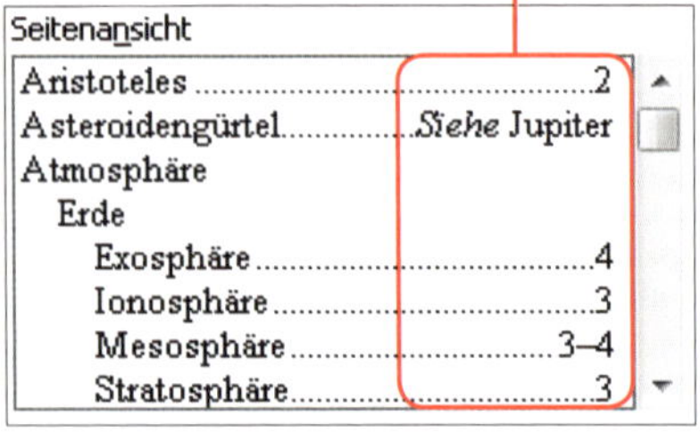

Klicken Sie hingegen auf ●,

werden die Untereinträge einfach hintereinander angezeigt.

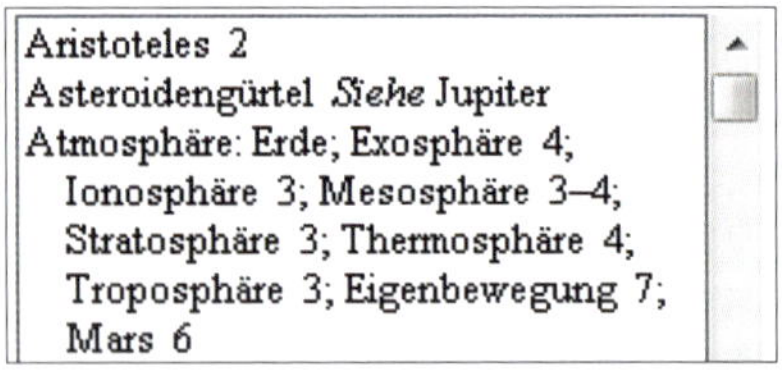

Wenn Sie Ihre Entscheidung getroffen haben, bestätigen Sie per Klick auf

.

Daraufhin erscheint Ihr Index unter dem Text.

13 Wie bei Feldern in Word üblich, können Sie Ihren Text weiterbearbeiten und auch neue Einträge in den Index aufnehmen. Damit alle Änderungen später auch im Index erscheinen, brauchen Sie diesen nur wieder zu aktualisieren. Dazu müssen Sie Ihren Index per Mausklick markieren. Dann wird er grau hinterlegt.

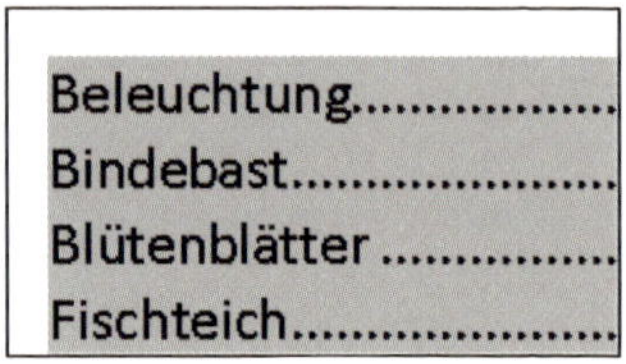

Klicken Sie anschließend im Indexbereich des Menübands „Verweise“ auf den Befehl ●,

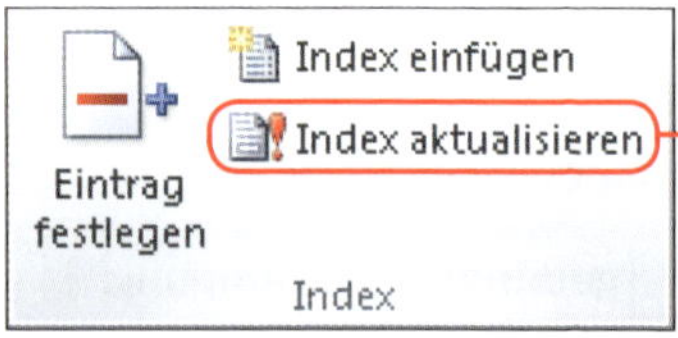

werden die Seitenzahlen umgehend angepasst und neu hinzugekommene Indexeinträge automatisch aufgenommen. Ihr Index ist somit auf dem neuesten Stand.

Beleuchtung	17	Nutzpflanzen	7
Bindebast	11	Obstbäume	1, 16
Blütenblätter	14	Rosen	15
Fischteich	12	Rosenbeet	5, 16
Gartenschlauch	16	sonniges Plätzchen	1
Gartenzwerg	4	Wegeplatten	15
Geräteschuppen	11	Weißdornhecke	1, 2, 3, 16, 17

Dateiinformationen beim Öffnen der Vorlage automatisch abfragen

Jedes Word-Dokument hat Dateiinformationen. Deren Eingabe wird aber meist vernachlässigt. Dabei können Sie dafür sorgen, dass Word schon beim Öffnen einer neuen Datei wichtige Punkte wie Stichwörter zum Dokument abfragt. Dann können Sie später mit der Suchfunktion von Windows die betreffenden Dokumente durch Eingabe der Stichwörter rasch finden. Damit diese wichtige Angabe stets bei den betreffenden Dokumenten eingetragen wird, brauchen lediglich die entsprechenden Feldfunktionen in die Dokumentvorlage einzufügen, auf der die Dokumente basieren.

1 Öffnen Sie zunächst die Vorlage, mit der Abfragefunktion ausgestattet werden soll, indem Sie auf ●

und dann auf ● klicken.

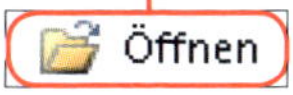

2 Wechseln Sie dann in den Ordner, in dem Ihre persönlichen Dokumentvorlagen gespeichert sind. Öffnen Sie die Auswahlliste mit einem Mausklick auf ●,

und wählen Sie darin den Eintrag ●.

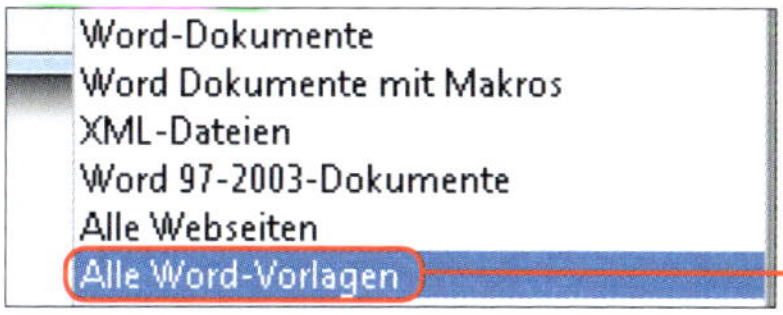

Markieren Sie den Dateinamen Ihrer Vorlage, im Beispiel ●, und klicken Sie anschließend auf ●.

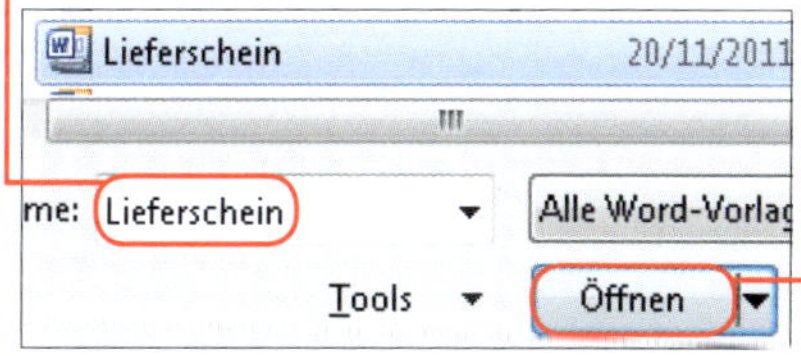

3 In der geöffneten Vorlage springen Sie nun zum Ende des Dokuments ●,

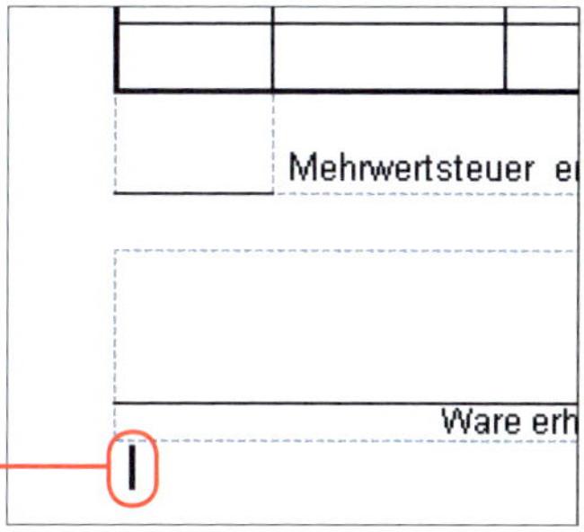

indem Sie die Taste [Strg] und die Taste [Ende] gleichzeitig drücken.

4 Um eine Feldfunktion einzugeben, die Ihnen in Zukunft die Schlüsselwörter am Ende anzeigt, drücken Sie jetzt gleichzeitig die Taste [Strg] und die Funktionstaste [F9]. Geben Sie dann zwischen die Feldgrenzer den englischen Begriff für Schlüsselwörter, „Keywords“ (ohne Anführungszeichen), ein: ●.

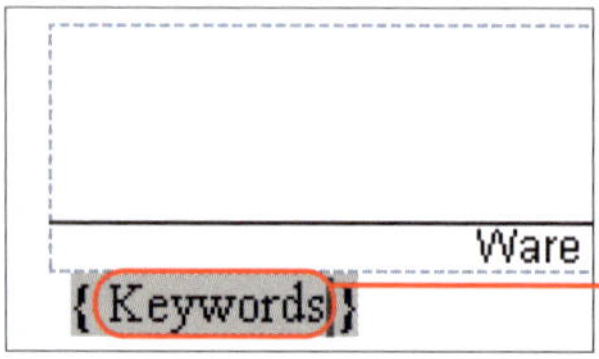

5 Nun sollen ja beim Öffnen des Dokuments, das auf dieser Vorlage basiert, direkt die Schlüsselwörter abgefragt werden, die an dieser Stelle erscheinen. Dafür drücken Sie (nach wie vor innerhalb der Feldgrenzer) noch einmal die Tastenkombination [Strg] und [F9]. Wieder öffnen sich die Feldgrenzer ●, in deren Mitte Sie jetzt den Feldbezeichner „Fillin“ (ohne Anführungszeichen) eingeben: ●.

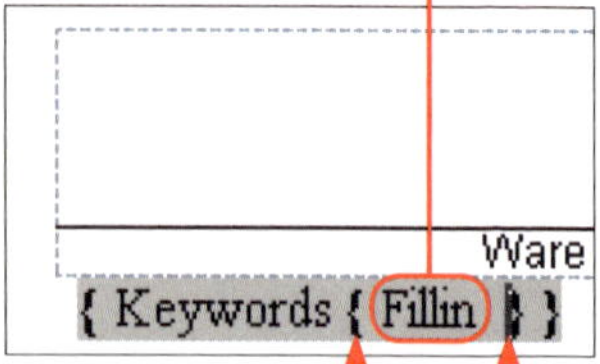

6 Dieser Feldbezeichner sorgt dafür, dass bei der Aktualisierung des Feldes automatisch eine Abfrage mit einem Eingabefeld erscheint, in das im vorliegenden Fall die Schlüsselwörter eingegeben werden können. Um das Eingabefeld mit einer entsprechenden Information zu versehen, geben Sie im Anschluss an den Feldbezeichner „Fillin“ in Anführungszeichen (!) ein: „Bitte nennen Sie die Schlüsselwörter.“ Die komplette Feldfunktion hat also folgendes Erscheinungsbild: ●

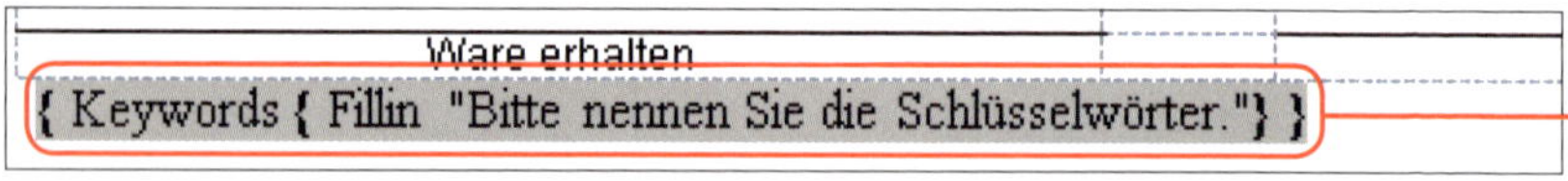

7 Zum Speichern der Vorlage genügt ein Klick auf ●.

Dann brauchen Sie das Fenster nur noch mit einem Mausklick auf das Kreuz ● zu schließen.

8 Um künftig Zugriff auf diese Vorlage zu bekommen, klicken Sie als Erstes auf ●,

dann im geöffneten Menü auf ●

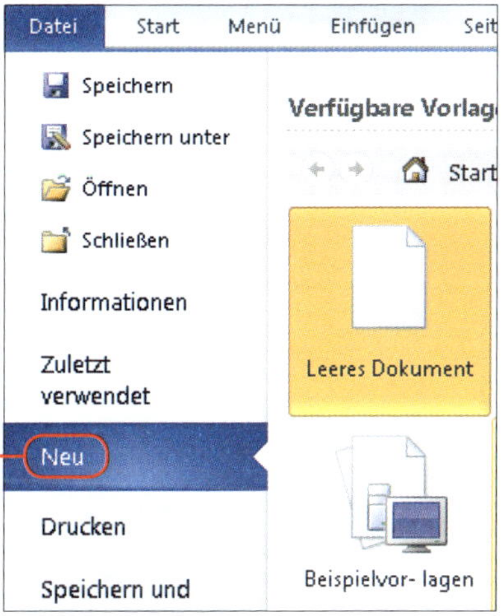

und schließlich rechts auf ●.

9 Daraufhin öffnet sich das Dialogfenster, in dem Sie die Vorlage per Mausklick markieren und mit einem Klick auf die Schaltfläche ● laden können.

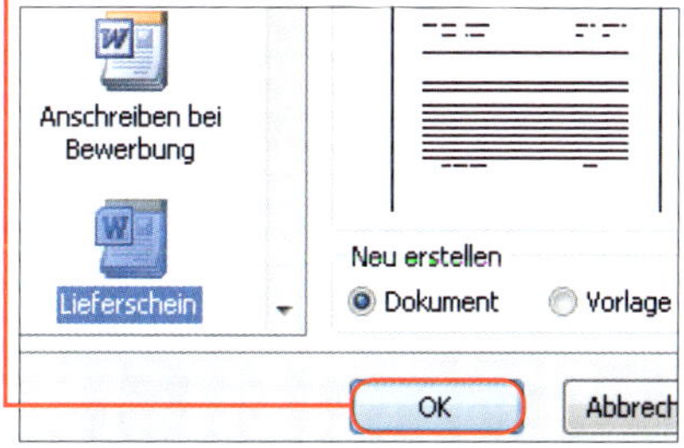

10 Da beim Zugriff auf die Vorlage die Feldfunktionen des Dokuments aktualisiert werden, erscheint nun die Abfrage ●, die Sie zuvor angelegt haben. Geben Sie die geforderten Einträge – hier die Schlüsselwörter ● –,

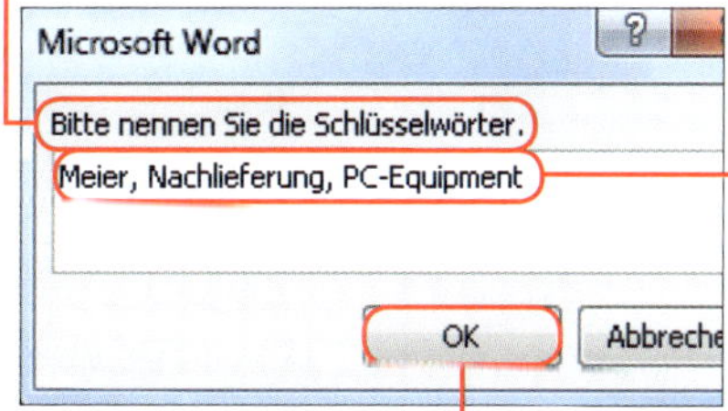

ein, und bestätigen Sie mit ●. Die eingegebenen Begriffe ● erscheinen direkt an der Stelle, an der Sie die Feldfunktion in der Vorlage erfasst haben.

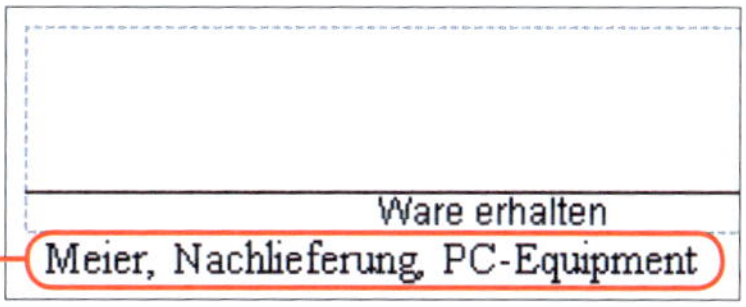

Was ist eigentlich ...?

Absatzformatierung

Unter Absatzformatierung versteht man die optische Gestaltung eines ganzen Absatzes. Absätze werden durch sogenannte Absatzschaltungen getrennt. Diese erzeugen Sie, indem Sie einfach die [↵]-Taste drücken.

Benutzerkonto

Windows lässt sich auf einem Computer für verschiedene Personen einrichten. Der Vorteil: Jeder PC-Nutzer kann seine Arbeitsoberfläche ganz nach eigenen Wünschen und Bedürfnissen gestalten. Außerdem bleiben die persönlichen Dateien auf diese Weise geschützt.

Betriebsprogramm

Um überhaupt mit einem Rechner arbeiten zu können, benötigen Sie ein Betriebsprogramm (auch Betriebssystem genannt). Bei Privatanwendern sind Windows-Programme von Microsoft mit Abstand am weitesten verbreitet. Das aktuellste Programm aus der Windows-Familie ist Windows 7.

Bildlaufleiste

Bildlaufleisten erscheinen bei Windows-Programmen meist am unteren und rechten Rand des Programmfensters. Sie ermöglichen es Ihnen, Inhalte anzusehen, die aufgrund ihrer Größe nicht komplett auf dem Bildschirm angezeigt werden können.

Was ist eigentlich ...?

Browser

Der Browser ist ein Internetzugriffsprogramm, das die „Sprachen" des Internets beherrscht. Mit einem Browser können Internetseiten angezeigt und Dateien heruntergeladen werden. Am bekanntesten ist, da fester Bestandteil des Betriebssystems Windows, der Internet Explorer von Microsoft. Eine kostenlose Alternative ist u.a. das Programm „Firefox".

Datei

Alle Daten, mit denen Ihr Rechner arbeitet, sind in sogenannten Dateien erfasst. So bestehen Programme oft aus Tausenden Dateien. Wenn Sie mit Word arbeiten, speichern auch Sie Ihre Texte in Dateien. In diesem Fall spricht man auch von Dokumenten.

Diagramm

Diagramme sind Schaubilder, mit deren Hilfe Sie Sachverhalte optisch veranschaulichen können.

Dokument

Dateien, die Sie mit Word anlegen, werden auch Dokumente genannt.

Download

Im Internet können Sie sich nicht nur Text- oder Bilddateien ansehen, sondern diese auch auf den eigenen Computer speichern beziehungsweise „herunterladen". In diesem Zusammen-

Was ist eigentlich ...?

hang spricht man von Download. Teilweise wird dieser Vorgang der Übertragung von Dateien auch als „Überspielen“ bezeichnet. In jedem Fall werden Daten von einem Computer zum anderen übertragen.

Einfügemarke

Die Einfügemarke ist meist als senkrechter blinkender Strich zu erkennen. Sie gibt an, an welcher Stelle Ihre nächste Eingabe erfolgt. Sie können die Einfügemarke am einfachsten per Mausklick in einem Dokument positionieren.

E-Mail

Die elektronische Post (= **E**lectronic **Mail**“) hat im Internet die Funktion der traditionellen Post übernommen. Damit können Sie sowohl Textnachrichten senden als auch alle möglichen Dateien, etwa Word-Dokumente, als Anlage verschicken.

Explorer-Fenster

Als Explorer-Fenster oder auch Dateimanager bezeichnet man ein Arbeitsfenster, über das Sie Zugriff auf die Ordner- und Dateistruktur Ihres Computers erhalten.

Feldfunktionen

Feldfunktionen sind Platzhalter, mit denen sich bestimmte Textelemente automatisch den aktuellen Gegebenheiten

Was ist eigentlich ...?

anpassen lassen. In Word können Sie mithilfe von Feldfunktionen zum Beispiel aktuelle Datums-, Zeit- oder Seitenangaben anzeigen. Für häufige Aufgaben stellen die Programme bereits eine Auswahl fertiger Felder zur Verfügung, die nur noch in das Dokument eingefügt werden müssen.

Format

Mit dem Format legen Sie fest, wie eine Zahl, etwa ein Datum, dargestellt werden soll. Dazu gehören nicht nur die Angabe von Schriftart und -größe, sondern auch die Einstellung, dass beispielsweise der Monatsname ausgeschrieben oder der Wochentag mit angegeben werden soll. Verschiedene Datumsformate können beispielsweise so aussehen:

Formatieren

In Textprogrammen wie Word können Sie das Aussehen von Buchstaben, Wörtern, Absätzen oder ganzen Dokumenten verändern. Dies nennt man Formatieren. Zu den wichtigsten Befehlen gehört die Zeichenformatierung. Dabei werden zum Beispiel Schriftart und -größe, Kursiv- oder Fettschrift eingestellt. Zur Absatzformatierung ge-

Was ist eigentlich ...?

hören der Blocksatz, der rechts- und linksbündige Satz sowie die Einzüge.

Formatvorlage

Eine Formatvorlage ist eine Sammlung von Zeichen- und Absatzformatierungen. Jede Formatvorlage hat einen Namen. Durch Zuweisen einer Formatvorlage zu einem Textabschnitt werden alle gespeicherten Formatierungen auf den Text übertragen. Werden später die Angaben in der Formatvorlage geändert, ändert sich auch das Aussehen aller Textteile, denen die Formatvorlage zugewiesen wurde. Dadurch stellen Sie sicher, dass mit geringem Aufwand etwa alle Überschriften das gleiche Aussehen haben.

Installation

Damit Sie mit einem Programm arbeiten können, muss es erst auf Ihrem Computer eingerichtet werden. Dieser Vorgang heißt Installation.

Komprimieren

Um Platz zu sparen, werden Dateien häufig geschrumpft, also komprimiert. Mit verschiedenen Verfahren werden dabei redundante Informationen – beispielsweise Leerzeichen in Texten, weiße Flächen in Bildern oder unhörbare Tonfrequenzen – rechnerisch zusammengezogen. Auf diese Weise passen zum Beispiel erheblich mehr Musikstücke auf eine DVD oder CD.

Was ist eigentlich ...?

Kontextmenü

Ein Kontextmenü ist ein Menü, dessen Befehle nur in einem bestimmten Zusammenhang (Kontext) auftauchen. Ein Klick mit der *rechten* Maustaste öffnet das Kontextmenü, sodass die speziellen Befehle zur Verfügung stehen.

Makro

Makros sind gespeicherte Befehlsfolgen. Damit lassen sich häufig verwendete Befehlskombinationen schneller ausführen.

Markierung

Mit einer Markierung legen Sie fest, worauf die nächste Aktion, die Sie durchführen wollen, angewendet werden soll. So können Sie beispielsweise ein Textstück markieren und dann eine Formatierungstechnik anwenden.

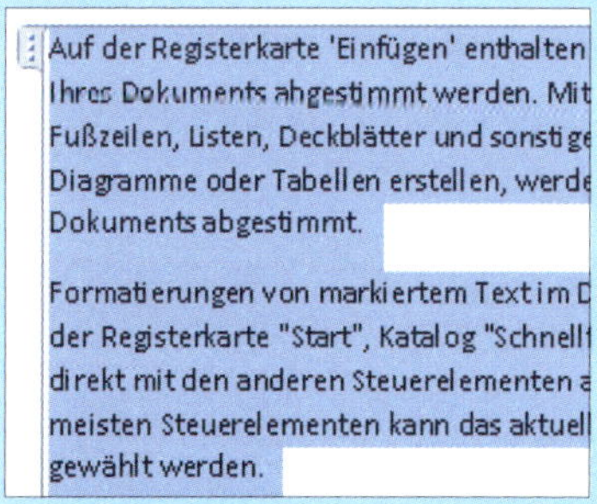

Megabyte

Die Größe von Daten auf dem Computer wird in Byte gemessen. 1024 Byte sind

Was ist eigentlich ...?

ein Kilobyte (KB), 1024 Kilobyte sind ein Megabyte (MB). Da zum Beispiel Festplatten mittlerweile sehr groß sind, also entsprechend mehr Daten fassen, werden diese in der Einheit Gigabyte (GB) angegeben. Ein Gigabyte sind 1024 Megabyte.

Menüband

Über das Menüband (früher Multifunktionsleiste genannt) am oberen Rand des Word-Programmfensters erreichen Sie alle Befehle und Einstellungen. Das Menüband ist in Form eines Registers aufgebaut. Durch Klicks auf die jeweiligen Registerreiter können Sie zwischen den einzelnen Registern wechseln.

Ordner

Die Daten auf der Festplatte können wie die Kapitel eines Buches geordnet werden. Diese Kapitel heißen Ordner oder Verzeichnisse. Ordner können außer Dateien auch weitere Ordner enthalten. Diese heißen Unterordner oder Unterverzeichnisse.

Was ist eigentlich ...?

PDF

PDF ist eine Abkürzung für „**P**ortable **D**ocument **F**ormat" (zu Deutsch etwa: übertragbares Dokumenten-Format). In diesem Format gespeicherte Dateien können zum Beispiel mit dem Adobe Reader gelesen werden, der für praktisch alle wichtigen Betriebsprogramme erhältlich ist.

Pfad

Als Pfad bezeichnet man den Speicherort einer Datei (oder auch eines Ordners) auf Ihrem Computer.

Pixel

Das Bild auf einem Bildschirm wird durch Bildpunkte, sogenannte Pixel, aufgebaut. Die Pixelzahl gibt an, aus wie vielen Bildpunkten ein Bild besteht. Je größer die Pixelzahl, desto genauer ist die Bilddarstellung.

Provider

Als Provider (Internet-Dienstanbieter oder auch ISP = **I**nternet **S**ervice **Pro**vider) wird ein Unternehmen bezeichnet, das den Zugang zum Internet ermöglicht.

Rechtschreibprüfung

Word ist Ihnen auch dabei behilflich, fehlerfreie Texte zu schreiben. Bei der automatischen Rechtschreibprüfung vergleicht Word Ihren Text mit einem integrierten Wörterbuch. Falls die

Was ist eigentlich ...?

Rechtschreibprüfung ein Wort nicht finden sollte, bekommen Sie einen Hinweis und meist einen oder mehrere Korrekturvorschläge präsentiert.

Registrierungs-Datenbank

In dieser Datenbank werden Einstellungen von Windows und installierten Programmen gespeichert. Sie lässt sich mit dem Programm „Registrierungs-Editor" bearbeiten. Falsche Einstellungen können bewirken, dass der PC streikt.

Rollbalken

Der Rollbalken ist die Bildlaufleiste am Rand eines Dateifensters, mit der Sie durch die Seite „rollen" beziehungsweise blättern können, wenn nicht alle Elemente im Fenster angezeigt werden können.

Tabulator

Ein Druck auf ⇄ am linken Rand der Tastatur lässt die Einfügemarke in Textverarbeitungsprogrammen wie Word zum nächsten Tabulator springen. Diese Marken sind „Stopper" in einer Zeile. Im Text erscheinen sie als Pfeile nach rechts, wenn Sie die Anzeige der Sonderzeichen eingeschaltet haben. Mit Tabulatoren können Sie einzelne Wörter, Zahlen oder Sätze genauer positionieren, als wenn Sie die Leerräume manuell mit Leerzeichen überbrücken würden.

Was ist eigentlich ...?

Taskleiste

Ein gestartetes Programm wird auch „Task" genannt. In der Taskleiste werden diese „Tasks", also Programme, Funktionen und Fenster, angezeigt. Falls viele Fenster geöffnet sind, leidet häufig die Übersicht. Über die Taskleiste am unteren Bildschirmrand kann ohne langes Suchen auf das Programm oder Fenster zugegriffen werden.

Tastenkombination

Viele Befehle in Word können Sie nicht nur per Mausklicks, sondern auch durch gleichzeitiges Drücken von zwei und mehr Tasten erteilen. Die Verwendung von Tastenkombinationen hat den Vorteil, dass Sie die Finger auf der Tastatur lassen können und nicht extra zur Maus greifen müssen. Mit etwas Übung können Sie daher viel flotter arbeiten.

Treiber

Geräte, die Sie in Ihren Computer einbauen oder daran anschließen (wie Drucker, Digitalkameras, Grafikkarten, Soundkarten usw.), benötigen für ihre Funktionen spezielle Programme, sogenannte Treiber. Diese Treiber (Geräteprogramme) verbindet das jeweilige Gerät mit dem Betriebssystem.

Update

Programme werden immer weiter entwickelt, damit sie immer auf dem neuesten Stand sind. Ein Update setzt

Was ist eigentlich ...?

auf einem vorhandenen Programm auf und bringt es auf den neuesten Stand.

USB-Stift
Ein USB-Stift ist ein externes Speichergerät, das Sie ganz leicht an Ihren Rechner anschließen können. USB-Stifte sind daher gut geeignet, um Dateien wie etwa Word-Dokumente an jemanden weiterzugeben.

Verknüpfung
Verknüpfungen dienen dem schnellen Aufrufen von Dateien auf der Arbeitsoberfläche und sind meist an einem kleinen Pfeil im Symbol erkennbar. Ein Doppelklick darauf, und schon öffnet sich zum Beispiel das entsprechende Programm.

Ziehen
Beim Ziehen handelt es sich um eine spezielle Maustechnik. Dabei halten Sie die Maustaste gedrückt, während Sie den Zeiger bewegen.

Was ist eigentlich ...?

ZIP
Eine sogenannte ZIP-Datei ist ein Archiv, in das Dateien komprimiert gepackt werden. Dadurch werden die Dateien kleiner und können platzsparend kopiert oder per E-Mail verschickt werden. Wenn Sie ZIP-Dateien verwenden wollen, müssen Sie diese zuvor wieder entpacken. Windows 7 benötigt dazu kein spezielles Programm, sodass ZIP-Dateien einfach wie Ordner behandelt werden können. Diese speziellen Ordner erkennen Sie an dem Reißverschluss auf dem Ordnersymbol.

Zwischenablage
Bei der Zwischenablage handelt es sich um einen temporären Speicher. Die Zwischenablage eignet sich vorzüglich, um beispielsweise Textstücke innerhalb eines Dokuments, zwischen zwei Dokumenten oder sogar zwischen verschiedenen Programmen auszutauschen.

Stichwortverzeichnis

Besuchen Sie uns im Internet:
www.ullstein-taschenbuch.de

Originalausgabe im Ullstein Taschenbuch

E-Mail: buecher@computerbild.de
Umschlaggestaltung: HildenDesign, München / Buch und Werbung, Berlin
Titelabbildung: © Dragana Gerasimoski
Satz und Repro: LVD GmbH, Berlin
Druck und Weiterverarbeitung: CPI - Ebner & Spiegel, Ulm
Printed in Germany
ISBN 978-3-548-41313-6